家具这样卖才对

家具销售人员超级情景训练

元　博◎编著

中国纺织出版社

内 容 提 要

为了帮助广大家具销售人员全面掌握家具销售的知识和技巧，切实、有效地提升家具销售人员的销售业绩，本书以大量的家具销售实践与培训经验为依托，紧扣家具销售流程的7个步骤，通过“情景描述＋错误应对＋情景解析＋话术示范”等几个模块，力求让广大家具销售人员在阅读时进入真实情景，在真实情景中学习和掌握家具销售知识与技巧，从而迅速提升销售业绩，成为名副其实的家具销售高手！

本书适合家具销售人员、家具销售企业、相关培训机构以及有志于从事家具销售工作的人士阅读使用。

图书在版编目（CIP）数据

家具这样卖才对：家具销售人员超级情景训练 / 元博编著．—北京：中国纺织出版社，2016.4（2024.7重印）

ISBN 978-7-5180-2424-7

Ⅰ．①家… Ⅱ．①元… Ⅲ．①家具—市场营销 Ⅳ．①F768.5

中国版本图书馆CIP数据核字（2016）第048484号

策划编辑：刘 丹　　　　责任印制：储志伟

中国纺织出版社出版发行

地址：北京市朝阳区百子湾东里A407号楼　邮政编码：100124

销售电话：010—67004422　传真：010—87155801

http：//www.c-textilep.com

E-mail：faxing@c-textilep.com

中国纺织出版社天猫旗舰店

官方微博 http://weibo.com/2119887771

永清县晔盛亚胶印有限公司印刷　各地新华书店经销

2016年4月第1版　2024年7月第7次印刷

开本：710×1000　1/16　印张：18.5

字数：235千字　定价：88.00元

前言

在家具销售行业中，家具销售人员起着至关重要甚至不可替代的作用。从顾客进入家具店开始，一直到顾客离开家具店，与顾客直接打交道的都是家具销售人员。在这个过程中，能否将客流量转化成销售量，最大限度地提升家具店的销售业绩，在很大程度上取决于家具销售人员的销售能力、方法与技巧。

在家具销售过程中，家具销售人员会遇到很多问题和难题，比如：

顾客进店后只是一个劲儿地逛，却对买家具的事只字不提；

你热情地向顾客介绍家具，顾客却心不在焉或丝毫不为所动；

向顾客介绍完家具后，顾客却不露心迹、不置可否；

顾客对家具各种不满意，不是嫌材质差，就是嫌款式旧，或者嫌做工粗糙，甚至质疑家具的环保性；

顾客虽然对家具很满意，但却嫌价格太贵，或者找各种理由推托；

顾客虽然决定购买了，但却以各种理由要求打折；

顾客买完家具后，却因各种理由提出投诉或要求退换货；

……

在顾客对产品和服务质量要求越来越高的今天，如果家具销售人员的销售能力不过关，销售方法不正确，销售技巧不过硬，就很难应对和解决上述这些问题和难题；而解决不了这些问题和难题，家具销售人员就无法将家具成功卖给顾客，同时也无法赢得顾客的满意度和忠诚度。因此，学习和掌握一套专业、科学、实用、有效的销售方法与技巧，切实提升自己的销售能力与水平，对家具销售人员来说至关重要。

为了帮助广大家具销售人员全面掌握家具销售的知识和技巧，切实、有效地提升家具销售人员的销售业绩，本书以大量的家具销售实践与培训经验为依托，紧扣家具销售流程的 7 个步骤：顾客接待—需求挖掘—产品解说—产品异议处理—价格异议处理—交易促成—售后服务，精心收集和整理了 84 个家具销售人员在各个步骤中常见的典型问题，采取情景模拟的形式，通过“情景描述＋错误应对＋情景解析＋话术示范”等几个模块，力争让广大家具销售人员在阅读时进入真实情景，在真实情景中学习和掌握家具销售知识与技巧，从而迅速提升销售业绩，成为名副其实的家具销售高手！

本书适合家具销售人员、家具销售企业、相关培训机构以及有志于从事家具销售工作的人士阅读使用。由于作者的知识、水平有限，书中难免有一些差错和不足之处，恳请广大读者朋友批评指正。

元博

2016 年 1 月

第一章　打响销售的第一枪——接待顾客情景训练

第二章 按下顾客的消费“按钮”——发掘顾客需求情景训练

第三章 卖价值而不仅仅是卖家具——产品解说情景训练

第四章 化解顾客的担心和疑虑——产品异议应对情景训练

第五章 守住价格就是守住利润——价格异议处理情景训练

第六章 踢好“临门一脚”——交易促成情景训练

第七章 用服务赢得顾客的好口碑——售后服务情景训练

第一章
打响销售的第一枪
——接待顾客情景训练

接待顾客是家具销售人员正式开展家具销售工作的前奏，是整个销售过程中至关重要的一环。接待顾客是一个讲究方法和技巧的工作，接待工作做得好，就能迅速拉近与顾客之间的距离，赢得顾客的信任和好感，使其乐意在你这里买家具；反之，不但无法赢得顾客的信任和好感，还可能导致顾客的流失。因此，家具销售人员有必要学习和掌握一些接待顾客的方法和技巧，这对进一步发掘顾客的需求，向顾客推介相匹配的家具以及促成交易是大有帮助的。

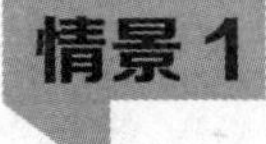

情景1

顾客走进家具店

情景描述

一位顾客走进家具店，这时家具销售人员该如何跟顾客打招呼呢？

⊗ 错误应对

1. 对顾客比较冷淡："您好，欢迎光临，请随便看看。"

（这种说法过于机械，没有任何新意，而且显得热情不足，有冷落、敷衍顾客的嫌疑，甚至有的顾客会误以为你不愿为他服务，产生"看看就走"的潜意识）

2. "您好，请问您想买什么家具？我给您介绍一下吧？"

（这种说法将顾客过早地置于了买卖关系中，容易增强顾客的戒备心理，大部分顾客会以"我先随便看看"来应对家具销售人员）

3. 对顾客过分热情，甚至紧贴顾客进行介绍："您好，这些是我们的新款家具，我给您介绍一下吧？"

（很多家具销售人员因为害怕顾客走掉，常常采取这种过分热情和拼命推荐的方式，殊不知，太过热情会增加顾客内心的不安、不适；而还没有了解顾客需求就盲目向顾客推荐，则很难引起顾客的购买兴趣，甚至会招致顾客的反感）

4. "您好，我们的家具今天搞特价促销，我给您介绍一下吧！"

（这种说法会让顾客觉得自己是一个贪小便宜的人，买不起高价家具，很容易引起顾客的不满）

情景解析

顾客刚刚走进家具店，对陌生的环境和家具销售人员难免缺乏安全感，产生戒备心理是很正常的。这就要求家具销售人员一定要主动与顾客打招呼，让顾客感受到欢迎与尊重，以拉近与顾客的距离，消除顾客的戒备心理。不过与顾客打招呼一定要把握恰当的时机，不能顾客一进门就立刻迎上去，这样显得过于热情，会使顾客产生压抑感。当然，顾客进门后也不能对顾客不理不睬，这是对顾客的怠慢，会让顾客觉得受到了冷落和轻视。

正确的做法是在距离顾客 1 米左右时，面带微笑向顾客行注目礼，并与顾客打招呼问好。家具销售人员在与顾客打招呼时一定要有亲和力，流露出发自内心的微笑，这样能给顾客营造一个轻松、自然、愉悦的购物心情，有利于赢得顾客的好感和信任。

和顾客打完招呼后，家具销售人员应将顾客带到他感兴趣的家具区域，然后向顾客进行选择性提问，让顾客在限定的范围内作出选择，从而将主动权掌握在自己手中。比如“您是想自己先看看，还是让我给您介绍一下？”如果顾客想先自己挑选，家具销售人员就要给顾客一个自由挑选的空间，并承诺自己会在其需要时出现，竭诚为其服务。当顾客主动询问时，家具销售人员要及时上前为其做详细的介绍；如果顾客不需要，就不要贸然打扰顾客挑选家具的兴致。

范例 1

家具销售人员：“先生，您好，欢迎光临 ×× 家具店，请问您想看什么家具？”

（先礼貌地跟顾客打招呼，并强调店名和品牌名，以加深顾客的印象，然后询问顾客想看什么类别的家具，以便迅速将顾客带到他的目标区域，提高销售的效率。这种方法比较适合店面较大、家具种类较多的家具店）

顾客：“哦，我想看看……”

家具销售人员："哦，那您请到这边……请问您是想自己先看看，还是让我有重点地给您介绍一下？"

顾客："我自己先看看吧。"

家具销售人员："好的，有需要您随时叫我。"

范例 2

家具销售人员："美女，下午好！欢迎光临 ×× 家具店，很高兴为您效劳。您是第一次来我们店吧，我很乐意为您提供一些有关我们家具店的信息，让您全方位地了解我们的品牌。请问您是想先自己逛逛呢，还是让我陪您一边看一边做介绍呢？"

（礼貌地跟顾客打招呼，并强调店名和品牌名，以加深顾客的印象）

顾客："我先自己逛逛吧。"

家具销售人员："好的，那请随意挑选，我就在您旁边，有需要时随时叫我，我会竭诚为您服务！"

（给顾客创造一种轻松愉快的购物氛围。这种方法比较适合店面较小、家具种类较少的家具店）

情景 2

你问顾客买什么家具，顾客说"我只是随便看看"

情景描述

一位顾客走进家具店，家具销售人员迎上去热情地跟顾客打招呼："欢迎光临，请问您想看什么家具，我帮您介绍一下吧？"可是顾客却回答："我只是随便看看，你不用向我介绍，有需要我会叫你的。"

⊗ 错误应对

1."好的，那您自己随便看看吧。"

（这是一种消极应对方式，等于放弃了为顾客主动介绍的机会，而且对顾客不太礼貌，一旦你这样去应对顾客，就很难再次接近顾客并与顾客进行深度沟通）

2."那您先看看，如果看到合适的请随时叫我。"

（在销售实践中，有这种想法的家具销售人员不在少数，但是很多时候，顾客由于种种因素往往不会主动喊你，比如顾客虽然看到自己喜欢的家具，但因为考虑到要多考察几家品牌等原因，往往会选择悄悄离去）

3."没关系，您想买什么家具可以告诉我，我帮您参谋参谋。"

（顾客说"我随便看看"通常是想要一个独立的选购机会。因此，这种"死缠烂打"的做法很容易引起顾客的反感）

4."没关系，反正我现在也没其他顾客要招呼，正好给您介绍一下我们的家具。"

（这种说法会给顾客一种家具店生意很冷清的感觉，从而使顾客对家具的品牌、质量等产生负面印象）

情景解析

顾客刚刚走进家具店的时候，难免会有些戒备心理，通常表现为不愿多说话，或者表示自己"只是随便看看"。顾客出现这种情况主要有以下三方面的原因：只是有初步的购买计划，但没有打算马上买，担心接受了服务不好意思拒绝购买；担心家具销售人员影响和"忽悠"自己，让自己无法独立思考、挑选；自己的购物习惯使然，喜欢独立挑选，不想被打扰。无论顾客是出于以上哪种心理，他此时都不需要家具销售人员的推荐和介绍，所以家具销售人员此时要做的就是暂时闭嘴。

那么在顾客浏览家具的过程中，家具销售人员要不要跟随其后呢？答案非常明确——要跟。销售专家经过研究指出，顾客在逛家具店这样的大型店铺时，通常会流露出 2 ~ 5 次感兴趣的表情，而这种表情往往是转瞬即逝的，如果家具销售人员没能及时抓住，就会错失与顾客进一步沟通、激发顾客购买兴趣的机会。

而一旦失去这样的机会，顾客十有八九就会流失。因为很多顾客即便在浏览过程中对某些家具产生了一定的兴趣，但由于购买需求不明确、购买欲望不强烈或有还可以去其他品牌的家具店再看看的心理，往往也会选择离开，而不是主动向家具销售人员询问。而一旦让顾客走出店门，顾客十有八九不会再回来，因为外面可供选择的家具品牌实在太多了，尤其是在北京、上海等这样的大城市，各种品牌的家具数不胜数，即使顾客错过你这一家，他们也不会觉得自己有任何损失。

可能有的家具销售人员要说了，顾客离开后也有再回来的啊！的确，这种情况是有的，但这种情况需要一个前提——你要让顾客对你的家具品牌有一个初步的了解，比如家具的卖点、风格等。这些情况顾客了解得越多，将来回来购买的可能性和概率就越大；如果顾客对你的家具连最基本的了解都没有，那么他再回来的概率将微乎其微。

因此，在顾客浏览家具的过程中，家具销售人员应该保持跟随，并积极寻找与顾客进一步沟通、向顾客推介的机会。不过在跟随的过程中，家具销售人员要注意以下事项：

距离

销售专家指出，与顾客最适合的距离是 1.5 ~ 2.5 米，因为这样的距离对顾客来说属于安全距离，不至于让顾客产生心理压力。不过这个距离也不是死的，家具销售人员要根据场地的情况以及顾客的反应进行适当的调整，比如明显感觉顾客有不舒适感，那么就要适当拉大与顾客之间的距离，或者暂时停顿一下；而有的顾客天性喜欢交往，对这样的顾客就可以适当走得近一些。不过切忌紧贴着顾客，因为这超越了与顾客之间的安全距离，会给顾客带来心理压力。

角度

一般情况下，以 45 度左右的角度观察顾客比较合适，因为这个角度既可以有效地观察顾客，同时顾客眼睛的余光也不会触及你，这样顾客会觉得比较自在，而你又可以比较清楚地观察到顾客的表情和举动。切忌跟在顾客的正后方，因为这样顾客看不到你的表情和动作，无法对你下一步的预期有所了解，从而导致其内心缺乏安全感。

脚步

在跟随过程中，脚步一定要轻缓、自然，不能发出响声影响顾客。此外还要保持步幅均匀，不能突然加大步幅或加快脚步，否则很容易吓到顾客或者让顾客感觉不舒服。

推介技巧

第一，对于顾客的“我只是随便看看”，你除了以“好的，那您先看看，我就在您附近，有需要请随时叫我”应对外，还可以在转身的刹那，佯装无意地回头，向顾客介绍一下家具店的货物摆放情况或重点款家具，为接下来的沟通做铺垫，比如：“对了，刚才忘了跟您说，那边是我们今年的最新款家具，您可以重点关注一下！”很多时候，顾客听到这样的介绍，到了你所说的家具面前往往会予以重点关注，这时也是你进行推介的最佳时机。

第二，2～3分钟后，你可以给顾客递上一杯水，同时趁机问：“怎么样？有您中意的吗？”如果顾客回答“没有”，那你就顺水推舟说：“这也难怪，我们的家具款式比较多，不如我给您简单介绍一下吧，这样能节省您很多时间！”

第三，注意观察顾客的举动，如果发现顾客特别关注或长时间注视某款家具，要果断上前进行推荐和介绍。

范例 1

家具销售人员：“欢迎光临，请问您想看看什么家具，我帮您介绍一下吧？”

顾客：“我只是随便看看，需要我会叫你的。”

家具销售人员："好的，先生，您在挑选家具方面肯定是行家，在行家面前我就不班门弄斧了！您先慢慢看，有什么问题或需要请随时叫我，我会竭诚为您服务的。"

（给顾客自由挑选的空间，并表示愿意随时为其提供最好的服务）

顾客："好的。"

家具销售人员："哦对了，刚才忘记跟您说了，那边是我们今年的最新款家具，您可以重点关注一下。"

（在转身的刹那，佯装无意地回头，向顾客介绍家具店的新款家具，以引起顾客的重点关注）

顾客："好的。"

（2～3分钟后，借给顾客送水的机会，对顾客进行询问和推介）

家具销售人员："怎么样？有您看中的吗？"

顾客："没有。"

家具销售人员："这也难怪，我们家的家具款式比较多，不如我给您简单介绍一下吧？这样能节省您很多时间！"

顾客："好的。"

家具销售人员："（边陪顾客浏览边向顾客介绍，行至刚才介绍的最新款家具前，顾客突然停住了脚步）先生，这些就是刚才我说的今年的最新款家具，我给您简单介绍一下吧……"

（抓住机会向顾客推荐和介绍，激发顾客的购买欲望）

范例2

家具销售人员："先生，欢迎光临××家具店。请问您想看什么家具，我帮您介绍一下吧？"

顾客："我只是随便看看，不用介绍。"

家具销售人员："先生，您说的很对，买家具是一笔不小的开支，是要多看看、多比较/现在的家具品牌太多了，是要多看看、多比较，这样才能为自己挑选到称心如意的家具。先生，您先慢慢看着，我就在您附近，有需要请随时叫我。"

（先对顾客表示理解和认同，舒缓顾客的警戒心理，然后给顾客自由挑选的空间，并表示愿意随时为其提供最好的服务）

家具销售人员：“对了先生，我们店的家具款式比较多，我先为您介绍一下我们店的家具摆放情况吧，好方便您浏览和挑选。”

（在转身的刹那，佯装无意地回头，向顾客介绍家具店的货品摆放情况）

顾客：“嗯。”

家具销售人员：“这边是……那边是……”

顾客：“好的。”

（家具销售人员不再说话，而是在边上跟着顾客，并且距离保持在 1.5 米左右。刚走了几步，家具销售人员发现顾客不断回头看自己，于是把距离拉大到 2.5 米左右。又跟了一会儿，顾客突然在 ×× 系列的衣柜前面停了下来，眼睛开始放光，并且不停地用手抚摸衣柜。家具销售人员觉得机会来了，于是上前主动推介）

家具销售人员：“先生，您真有眼光，这款衣柜是今年最流行的款式/我们店最畅销的一款，它最大的特点是采用了 ×× 材质和 ×× 工艺，在设计上……”

（抓住机会向顾客推荐和介绍，激发顾客的购买欲望）

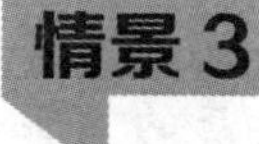

情景 3

顾客进店后不停地东张西望

情景描述

家具销售人员正在店里忙活着，这时，一位顾客走进店门，一边往里走，一边不停地东张西望。

⊗ 错误应对

1. 不理会顾客，继续忙手里的工作。

（这种做法会让顾客觉得自己受到了冷遇，从而心生不满）

2. “您好，请问您想买什么家具？”

（这种说法会给顾客较大的心理压力，家具销售人员在挖掘顾客需求时一定要委婉、含蓄，避免用“买”等敏感字眼）

3. “您好，我们最近有很多新款家具到货，来，我带您去看看。”

（这种不了解顾客需求、盲目推介的做法，会给顾客一种强行推销的感觉，很容易导致顾客情绪紧张，甚至引起顾客的抵触心理）

情景解析

顾客走进家具店后不停地东张西望，通常有以下几种原因：对家具店环境不熟悉，所以先通过浏览全局寻找自己的目标家具；由于性格怯懦、购买力有限等原因而情绪紧张或缺乏信心。

对于这类顾客，家具销售人员首先要想办法缓解他们的紧张情绪，而不要急于向他们推荐、介绍家具。家具销售人员可以通过热情、礼貌、友好地跟顾客打招呼，以及向顾客暗示“请随意看，我不打扰您”“需要时喊我，我会竭诚为您服务”等信息，消除顾客的不安情绪，让他们在新的环境里快速找到安全感。

在与顾客打完招呼后，家具销售人员要及时引导和挖掘顾客的需求，但要注意方式方法，例如可以先以适当的寒暄作铺垫，然后像拉家常一样向顾客进行询问，以便消除顾客的戒备心理。需要注意的是，家具销售人员千万不要把顾客的紧张状态说出来，也不要直截了当地向顾客介绍家具，否则只会让顾客更加紧张，甚至导致顾客因抵抗不住压力而寻找借口离开。

范例 1

家具销售人员：“先生，欢迎光临 ×× 家具店。请您随意挑选，有什么需要请随时叫我，我会尽力为您提供最周到的帮助和服务。”

（给顾客自由挑选的空间，缓解顾客的紧张情绪，并向顾客表示会在其需要时为其提供帮助和服务，从而不致让顾客产生受冷遇的感觉）

顾客：“好的。”

范例 2

家具销售人员：“这位女士，您好，欢迎光临 ×× 家具店。我们这边是卧室家具区，那边是客厅家具区，还有里边是厨卫家具区和办公家具区，请问您打算看看哪方面的？”

（先以适当寒暄作铺垫，然后向顾客介绍店内的家具摆放情况，以缓解顾客的紧张情绪，接着用“看”而非“买”挖掘顾客的需求）

顾客：“哦，我想看看……”

情景 4

顾客进店后直接询问“你们有没有 ×× 款式/风格/材质的家具”

情景描述

顾客心中有明确的购买计划，一进店门就直接向家具销售人员问道：“你们这里有没有 ×× 款式/风格/材质的家具啊？”

⊗ 错误应对

1.“这种家具已经卖完了，到货了我立刻通知您。”

（这是一种典型的消极语言，等于在向顾客下逐客令，大多数顾客听到这种回答后会选择离去）

2.“不好意思，您说的这种家具我们这里没有。”

（这是一种“拒人于千里之外”的回答方式，即使真的没有顾客所询问的家具，家具销售人员也不能如实相告，否则你可能彻底失去一个顾客）

3.“×× 家具店有您说的这种家具/您说的这种家具，只有 ×× 家具店才有。”

（这是一种为竞争对手做嫁衣的说法，这种说法虽然可能是事实，但是却属于一种傻实在。正确的做法是设法转化顾客的需求，向其推荐自家的家具）

4.“有啊，我们这里有很多这样的家具。”

（这种回答过于绝对，一旦家具店没有符合顾客需求的家具，顾客就

会对你失去信任，对家具店产生缺乏诚信的坏印象）

情景解析

在销售实践中，家具销售人员经常会遇到顾客“点名”要某种家具的情况。

销售专家指出，对待这类顾客，只要接待得当，50% ~ 60% 的都可以留下来。因为这类顾客看似有明确的需求，但其实他们并不真正知道自己需要什么样的家具，他们的需求完全是可以转化的。所以对于顾客的“点名”询问，家具销售人员千万不要回答没有，那样等于在把顾客往外赶，而应该设法将顾客留住，帮其挖掘和梳理需求，力争促成交易。

这类顾客之所以一上来就“点名”要某种家具，通常有以下几种可能：顾客使用过类似的家具，且满意度较高；顾客通过亲朋好友介绍或媒体宣传，对该家具产品产生了浓厚的兴趣；顾客在其他家具店看过类似的家具，但由于某些条件不能令其满意，比如价位较高，所以顾客想换另一家试试。

吸引顾客进店是关键

对于这类顾客，家具销售人员首先要做的就是设法将他们留住。比如可以对顾客说：“我们各种材质 / 风格 / 款式 / 价位的家具都有，您可以先进来看一看，我帮您介绍几款。”家具销售人员在说的同时，要主动、热情地上前把顾客“迎”进来。销售专家研究指出，如果只是单纯用嘴说，顾客很容易走掉；如果能主动、热情地相迎，那么顾客进店和留下来的概率将会大大增加。

先对顾客“探探底”

这类顾客由于意向性比较强，前期已经使用或了解过同类家具，所以家具销售人员千万不要急于向其推荐自家的家具产品，而应该先对顾客“探探底”，探询一下顾客喜欢这种家具的原因、看过竞争对手的哪些家具、个人的真实需求等，然后再有的放矢地进行推荐和介绍。比如家具销售人员可以问顾客：“您为什么喜欢那种款式 / 材质 / 风格的家具呢？”“您是通过什么途径了解到那种家具的呢？”“您一定看过不少类似的家具了吧，感觉怎么样？”

引导顾客转向自家的家具产品

在对顾客进行一番“摸底”之后，家具销售人员接下来要引导顾客转向自家的家具产品。所谓引导，即要顺着顾客的喜好去说，然后在无形中转到自家家具的优势和卖点上来。在这个过程中，家具销售人员切忌完全改变顾客的选择标准，而应该结合顾客的需求，向顾客介绍自家家具的优势和卖点，这样顾客往往更容易接受。

范例1

顾客：“你们这里有没有××款式/风格/材质的家具啊？”

家具销售人员：“先生，这种款式/风格/材质的家具我们店暂时没有，但是我们最近推出了很多新款家具，很多都是其他品牌没有的，而且现在正在做新品促销活动，您买不买没关系，可以先看一看！”

（以新品促销激发顾客的兴趣，吸引顾客留下来，从而为挖掘顾客需求和推介赢得机会）

顾客：“嗯。”

（顾客进店转了一圈，突然停在了某款家具前）

家具销售人员：“先生，您真是眼光独到啊，一眼就看中了我们的镇店之宝！我来给您介绍一下吧。这款家具采用了……环保材质和……制作工艺，而且……您觉得怎么样？喜欢这种款式吗？……您不妨摸一摸它的材质……闻一闻它的气味……”

（先赞美顾客，以赢得顾客的好感，然后顺理成章地转入产品推介。在整个介绍过程中，不断用提问和引导体验的方式与顾客互动，使顾客慢慢对家具产生购买兴趣）

范例2

顾客：“你们这里有没有××款式/风格/材质的家具啊？”

家具销售人员："先生，我想冒昧地问一下，您为什么一上来就点名要这种家具呢/您是通过什么途径了解到这种家具的呢/您一定看过不少类似的家具了吧？您觉得这种家具最吸引您的是哪些方面呢？"

（先对顾客"探底"，探询顾客喜欢这种家具的原因、看过竞争对手的哪些家具、个人的真实需求等）

顾客："我在××家具店看过一套，质量、做工和款式都很不错，就是价格有点高。"

家具销售人员："嗯，您说的很对，××家具店的那款家具质量确实挺不错的，就是价格有点高。其实买这类家具，选一套结实耐用、性价比高的就足够了。"

（先顺着顾客的喜好说，然后在无形中转到自家家具的优势和卖点上）

顾客："嗯。"

家具销售人员："先生，不知您是否了解过，我们店已经在这里经营了8年了，附近有很多小区的住户都在使用我们的家具。我们的家具采用了××材质和××工艺设计，具有××特点，而且大部分家具都是面向工薪阶层的。哦，对了，不知道您这次买家具，心理价位大概是多少？"

（引导顾客了解自家家具的优势和卖点，并询问顾客的心理价位）

顾客："我的预算不多，5000以内还可以考虑。"

家具销售人员："那真是太巧了，我们这里正好有几款，材质、款式、风格都跟您看过的差不多，而且价钱也比较符合您的需求。我现在就带您去看看吧。"

（根据顾客的需求，向顾客推介相应的家具）

情景 5

顾客进店后直接奔向某款家具

情景描述

家具销售人员正在家具店内忙碌着，这时，一位顾客快步走了进来，然后径直朝着一款电脑桌走去。

⊗ 错误应对

1.“先生，您要买这个电脑桌吗？”

（这种说法会给顾客很大的心理压力，尤其是“买”字，会让顾客感觉到一种掏钱的压力，从而降低销售的成功率）

2.“这款电脑桌很不错，如果喜欢可以给您打个折。”

（这种主动让价的说法，会让顾客对家具的质量和档次产生质疑：还没怎么着呢，就主动给打折，是不是质量不怎么样啊）

3.“您好，请问您想看看什么家具？”

（这种说法没有及时发现顾客的购买意向和需求，不利于引导顾客朝着成交的方向迈进）

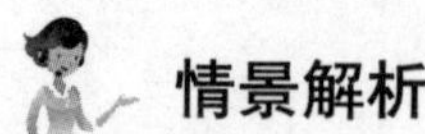

情景解析

顾客走进家具店后直接奔向某款家具，通常有以下两种原因：一是顾客对这款家具已经心仪、关注很久了，但是一直在等待某个特殊时机，如打折、降价等，所以进店想看看时机到了没；二是顾客被店内展示的家具样品所吸引，所以想进店了解一下详细情况。

无论顾客是出于上述哪种原因直奔某款家具，他对这款家具的兴趣是可以肯定的，而且购买的概率比较大，所以家具销售人员在接待这类顾客时，寒暄要尽量简洁，比如可以夸赞一下顾客的眼光好等，在跟顾客打招呼后，要迅速转入家具推介阶段。在向顾客介绍家具的优点时，家具销售人员可以通过提问的方式更好地引起顾客的兴趣，也可以围绕顾客的特定需求，有针对性地进行解说，并通过重复顾客的特定需求，强化顾客的需求意识。如果该款家具目前有优惠政策，家具销售人员也可以直接告诉顾客，同时积极地引导顾客体验、试用，以最大限度地增强顾客的购买兴趣。

范例 1

家具销售人员："先生，您真有眼光，这款电脑桌是今年最流行的款式，而且是全实木的，您摸摸看，不仅桌面非常平滑，整个桌体也非常结实、稳当。"

（先赞美顾客，以赢得顾客的好感，然后向顾客介绍家具的优点和好处，提高家具对顾客的吸引力）

范例 2

家具销售人员："先生，您一来就直奔这款电脑桌，一看就知道您是个识货的行家！这款电脑桌的材质和款式都非常不错，很多顾客一进门就被它吸引了。先生，您买不买没关系，先坐下来感受一下效果。"

（先赞美顾客，以赢得顾客的好感，然后向顾客介绍家具的优点，并引导顾客对家具进行试用体验）

范例 3

家具销售人员："先生，您眼光可真好啊！这款电脑桌是我们店卖得最好的一款，它除了款式设计时尚外，您知道它还有什么优点吗？"

（先赞美顾客，以赢得顾客的好感，然后用提问的方式引起顾客对家具的兴趣，这样能在无形中放大家具在顾客眼中的优点）

顾客："不知道，是什么啊？"

家具销售人员："这款电脑桌采用的材质是芬兰松木，也就是著名的北欧赤松。这种松木生长在寒带，生长周期缓慢，木质的稳定性好，具有抗压、抗剪、握钉力强等特点，经过脱脂、烘干等工艺处理后，能够很好地保持松木的环保性，非常适合做电脑桌和儿童青少年家具……"

（向顾客介绍家具的优点）

情景 6

顾客停在某款家具前仔细观看并且不停地抚摸

情景描述

一位顾客走进家具店，在店内转悠了一阵后，忽然停在一款茶几前仔细观看，并且不停地摸茶几的材质。

⊗ 错误应对

1. 对顾客不予理睬，等待顾客发问再进行介绍。

（这是一种消极的做法，会让顾客觉得受到了轻慢和冷遇。其实此时是向顾客推介的最佳时机，因为一旦顾客对某件家具产生兴趣，就会希望获得更多关于它的信息）

2. "您好，请问有什么可以帮助您的吗？"

（这种说法过于机械、平淡，缺乏新意，很难打开销售的局面）

3. "如果您喜欢这款茶几，就坐下来感觉一下。"

（这种说话方式显得不够热情，有怠慢顾客之嫌，会让顾客觉得不舒服）

4.“先生，您是不是很喜欢这款茶几啊？”

（这种问话方式非常不妥，如果顾客对家具很感兴趣，这么问就是多此一举；如果顾客对家具没兴趣或兴趣不大，只是随便看看，这么问就很容易得到顾客的否定回答，不利于向着成交的方向引导顾客）

情景解析

顾客在浏览家具的过程中，会在很短时间内把自己最关心的因素在心里过一遍，把不符合自己需求或自己不感兴趣的家具过滤掉。因此，当顾客突然停下脚步仔细观看某款家具并伸手触摸时，多半说明顾客对这款家具产生了兴趣，想进一步了解该款家具的情况。此时是家具销售人员接近顾客的最佳时机，如果家具销售人员这时候能主动上前为顾客提供帮助和服务，顾客一般都会欣然接受。因此，当顾客在某款家具前驻足观看时，家具销售人员应该不失时机地上前跟顾客打招呼，然后简要地向顾客介绍该款家具的优点和卖点，并引导顾客进行试用体验。

需要注意的是，家具销售人员在接近顾客时，一定要先设法降低顾客的戒备心理。最有效的方法就是用赞美的方式接近顾客，充分体现对顾客的尊重，不让顾客有突如其来的感觉。在取得顾客的初步信任和好感后，家具销售人员再为顾客提供服务、建议并协助顾客进行试用体验，自然过渡到家具的销售上。

话术示范

范例 1

家具销售人员：“先生，一看您就是行家！您看的这款茶几是今年的新款，最近卖得特别好，很多顾客一进店就被它吸引了。您看，它的款式设计非常前卫、时尚，而且饰面采用的是 10mm 的厚钢化玻璃。来，您摸摸看。”

（先赞美顾客，降低顾客的警戒心理，然后向顾客介绍家具的优点，并引导顾客触摸体验，增强顾客对家具的好感）

顾客："嗯，摸着还行。"

家具销售人员："先生，我看您挺喜欢的，而且我们这款茶几还有送货入户并负责安装的服务，可以省去您不少的麻烦。来，这儿有椅子，您坐下来感觉一下。"

（引导顾客亲身体验家具的使用效果，以增强其购买的欲望）

范例 2

家具销售人员："姐，您真是眼光独到啊！您看的这款茶几是我们店卖得最好的一款，它色泽纯正、沉稳大气、格调高雅，特别能彰显主人的生活品位。它采用的是北美进口特级水曲柳木材质，并且采用半开放式油漆工艺，保留了天然木质的纹理，摸起来特别舒服，您摸摸看。"

（先赞美顾客，赢得顾客的好感，然后向顾客介绍家具的优点，增强顾客对家具的好感和信心，并引导顾客进行触摸体验）

顾客："嗯，还行。"

家具销售人员："来，姐，您请坐，感受一下！"

（引导顾客进行试用体验，增强顾客的购买欲望）

情景 7

顾客主动询问某款家具的细节

情景描述

一位顾客在家具店内精挑细选着，忽然看见一款欧式茶几，眼神中顿时流露出一种喜悦之色。还不等家具销售人员上前搭讪，他就主动问道："这款茶几是什么材质的 / 质量怎么样 / 有质量问题包退换吗？"

⊗ 错误应对

1.“应该是大理石的吧。”

（这种不确定、模棱两可的回答，会让顾客对家具销售人员的专业素养产生质疑，进而对家具本身的质量产生怀疑）

2.“质量绝对没问题，很结实的！”

（这种说法过于绝对，而且含有哄骗顾客的成分，会让顾客觉得不可信）

3.“您放心，买回去有什么问题您随时来找我。”

（这种对问题大包大揽的回答方式，不但难以赢得顾客的信任，而且容易引发顾客的信任危机）

情景解析

顾客进入家具店后，首先会简单浏览一下店内的家具摆设，如果发现有自己喜欢或感兴趣的家具，他们通常会迅速走过去驻足观看，并向家具销售人员咨询一些家具的细节，如材质、质量、售后情况等。

一般来说，顾客向家具销售人员咨询的这些细节问题都是他们非常重视和关心的，对顾客的购买决策具有很大的影响。因此，当顾客就某款家具的细节问题进行咨询时，家具销售人员一定要给予顾客热情、礼貌、明确的回答，争取给顾客一个良好的印象。

需要注意的是，家具销售人员在回答顾客的询问时，要尽量清晰、明确地告诉顾客答案，有一说一，有二说二，不要说些模糊不清、模棱两可，甚至有歧义的答案，更不要夸大其词，试图忽悠、哄骗顾客，那样只会让顾客觉得不可靠、不可信，从而降低销售的成功率。

范例 1

顾客：“这款茶几是什么材质的？质量怎么样？结实吗？”

家具销售人员：“先生，您真有眼光，这款茶几是我们店卖得最好的一款。您就放心吧，它的饰面采用的是大理石材质，抽屉侧板、尾板采用的是实木多层板，持久耐用，不易变形，质量非常好。而且我们店承诺7天无条件退换，365天免费保修，您买回去后发现有任何问题，只要不超过我们的退换期限，都可以找我们退换。”

（先称赞顾客有眼光，赢得顾客的好感，然后明确、肯定地告诉顾客家具的材质，并向顾客说明材质的优点和家具店的售后服务优势，增强顾客的购买信心）

顾客：“嗯，那还行。”

家具销售人员：“来，先生，您可以坐下来感受一下！”

（引导顾客试用体验，强化顾客对家具的好感）

范例2

顾客：“这款茶几包退换吗？”

家具销售人员：“先生，我们店有非常完善的售后服务制度，其中最重要的一条就是15天内无条件退换货。您在我们这里购买家具后，如果发现家具有什么问题，只要不超过15天，我们都会无条件为您换货或退货，这一点您完全可以放心。”

（礼貌、清楚地向顾客说明家具店的售后服务制度，以打消顾客的疑虑和担心，并对顾客的退换货限定一个明确、具体的期限，以向顾客证明家具店的正规性）

情景 8

顾客在店内转了一圈就要离开

情景描述

一位顾客走进家具店逛了一圈，浏览了一下店内的家具陈设情况，什么话也没说就要转身离开。

⊗ 错误应对

1. “请慢走，欢迎下次光临。”

（这种做法虽然符合礼仪规范和要求，但是缺乏主动性，没有积极争取与顾客进一步沟通，会在无形中失去很多成交的机会，因为顾客走出去后，很可能不会再回来）

2. “您到底想买什么家具啊？说出来我帮您找啊。”

（这种说法语气比较生硬，对顾客隐含着一种不耐烦的情绪，容易引起顾客的不满和否定回答）

3. “麻烦您稍等一下，我们店最近到了很多新款家具，我可以给您介绍一下。”

（这种盲目推销新款家具的做法很难吸引顾客留下来，因为顾客需要的是适合自己的款式，而不是所谓的新款）

4. “我们这几款家具卖得都很好，我给您介绍一下吧。”

（家具属于一种大宗消费品，顾客需要的是适合自己的款式，如果不适合自己，即使再畅销顾客也不会购买）

5. “先生，您先别着急走啊，价格可以商量的！”

（这种主动让价的做法，不仅会使家具销售人员在价格谈判中失去回旋的余地，还会让顾客对家具的品牌和质量产生质疑：我还没说什么呢，你就主动让价，这家具肯定好不到哪儿去）

情景解析

顾客进入家具店逛了一圈什么话也没说就要离开，通常有以下几方面的原因：店内的家具或家具销售人员的介绍没能引起顾客的兴趣，顾客也确实没有发现自己中意的家具；家具销售人员的接待方法或服务态度令顾客感到不爽，比如太冷淡或太热情等；希望多看几家店，多比较一下；因目标性不强等原因，面对琳琅满目的家具，一时很难发现某款家具的价值，或者把最适合自己的家具漏掉了；感觉价格太贵，想以“离开”为要挟逼迫家具销售人员让价等。

无论顾客是出于以上哪种原因想要离开，家具销售人员都应该设法让顾客在店里多停留一些时间。因为顾客在店内停留的时间越长，对品牌和家具的了解就会越多，就越容易引起他们的购买兴趣和欲望。

家具销售人员首先应该以真诚、礼貌的态度挽留顾客，并给顾客一个留下来的具体理由，例如“先坐下来休息一会儿、多花一些时间和精力是选购到心仪家具的必要条件”等。然后引导顾客说出打算离开的原因，进而挖掘顾客的需求。

家具销售人员要想成功地将顾客挽留住，还要注意运用以下方法和技巧：

好奇心留客法

好奇心留客法，即利用顾客的好奇心，在顾客打算离开时用“您一定知道”“刚才忘了跟您说了”等语言激发顾客的兴趣，吸引顾客留下来。比如：“先生，刚才忘了跟您说了，您太幸运了，我们店现在正在搞 6 周年店庆活动，部分家具可以打到 8 折，我给您介绍一下？”“先生，相信您一定知道，我们的家具曾荣获过 ×× 设计大奖！”“先生，相信您一定了解过，我们的家具是 ×× 的指定用品。”

推荐留客法

推荐留客法，即通过向顾客推荐某款家具来接近和挽留顾客。因为欣赏家具本身就是一种享受，即使顾客并不喜欢，也可以借此打开话题，为沟通赢得机会，激发顾客的购买兴趣。

不过，家具销售人员要注意，向顾客推荐某款家具时表述不要太绝对，不要非常肯定地说家具适合顾客、顾客一定喜欢等，更不要不顾顾客的需求和感受，自己在那里自说自话、喋喋不休，因为这种没有经过需求挖掘的直接介绍，目的只是引起顾客的好奇心，然后在顾客欣赏家具的过程中打开话题，并不是非要把该款家具推销给顾客。如果顾客对你的推荐和介绍不以为然，很可能会引起顾客的反感和不信任感。

送资料留客法

送资料留客法，即在顾客打算离开时，家具销售人员马上上前，以赠送顾客资料为名，将顾客挽留下来，然后以此为契机，询问顾客打算离开的原因，并顺势向顾客进行推荐和介绍。

当然，如果确认顾客真的没有购买意向，家具销售人员也不要过多地纠缠顾客，或者因为顾客没买家具就沉下脸来，而应该保持积极的态度，热情、真诚地感谢顾客光临，让顾客感受到被尊重。

范例 1

家具销售人员：“这位大姐，请您留步！我看您转了一圈什么也没问就走，是不是没有看到适合您的家具啊？还是我们的服务不够周到怠慢了您？您可以说出来，我们一定会认真改进的。”

（礼貌、诚恳地挽留顾客，并探询顾客打算离开的具体原因）

顾客：“没有什么不周到。”

家具销售人员：“我想冒昧请教一下您想看什么家具？也许我能给您介绍几款合适的，您买不买都没关系，我帮您介绍一下，也耽误不了您多少时间，好吗？”

（真诚地挽留顾客，并用礼貌和真诚的语气探询顾客的需求）

顾客："哦，我想看看梳妆台，可是我看你们这里好像没有，所以……"

家具销售人员："大姐，我想您误会了，我们这里其实有很多款梳妆台，只是由于展厅面积有限，没办法展示出来。请您跟我来。"

范例 2

家具销售人员："这位先生，请留步，你既然来了，请坐下来喝杯茶吧。毕竟买家具是个费时耗精力的事儿，需要多看看、多了解、多比较。"

（礼貌、诚恳地挽留顾客）

顾客："不用了，谢谢。"

家具销售人员："先生，相信您一定了解过，我们的家具曾荣获过××设计大奖，而且我们的家具是××的指定用品。我们那边有几款刚到的新款家具没摆出来，材质和款式都非常不错，您买不买都没关系，可以看一看做个参照，这样也便于您挑选到更合适的家具。"

（利用介绍新品的方式引起顾客的好奇心，为接下来的沟通赢得机会）

顾客："哦，不用了，我就是先转一转，了解一下大概的价位，暂时还没有购买计划。"

家具销售人员："嗯，那我能否冒昧地问一句，您是打算看哪方面的家具呢？您可以坐下来歇一会儿，顺便跟我说一说，我给您参谋参谋，毕竟您了解得多一些，更有利于您将来买到合适的家具。您说呢？"

（探询顾客的具体需求，并设法让顾客在店里多停留一些时间，以便让顾客对品牌和家具有更多的了解）

顾客："哦，不用了，谢谢。"

家具销售人员："不客气。非常感谢您的光临，如果有需要欢迎您随时过来。"

（热情、真诚地感谢顾客光临，让顾客感受到尊重）

范例 3

家具销售人员："先生，能否请您稍等一下，我给您一份我们的资料看看吧，里面有我们公司最新款的产品介绍，其中有几款是我们邀请意大利设计师专门设计的！”

（以赠送顾客资料为名，将顾客挽留下来）

顾客：“嗯，谢谢。”

家具销售人员：“先生，您怎么转了一圈突然要走呢？难道没有挑选到合适的家具吗？”

（询问顾客打算离开的原因）

顾客：“是的。”

家具销售人员：“对了，刚才我忘了跟您说了，您太幸运了，我们店现在正在搞 6 周年店庆活动，部分家具可以打到 8 折，而且我们那边有几款最新引进的家具，材质和做工都非常好，款式也非常时尚、漂亮，价格也很公道，我给您介绍一下吧？”

（利用周年店庆和推荐新品的方法，吸引顾客留下来）

顾客：“不用了。”

家具销售人员：“先生，您回去看资料，起码也要花 10 分钟，我给您介绍一下，最多只需要 3 分钟就够了。”

顾客说“先到其他家具店看看，没有合适的再回来”

情景描述

顾客打算买一张餐桌，家具销售人员向顾客推荐了一款，顾客看了看，有些不满意地说："我先到其他家具店再看看，如果没有合适的再回来。"

⊗ 错误应对

1. "我们这里有很多款式，如果您觉得这款不合适，可以再看看其他的款式。"

（家具销售人员应该先了解顾客不满意的原因，然后再采取相应的应对措施，而非顾客一说要走，就盲目向顾客推荐其他的）

2. "好的，那您先到其他店看看吧，再见。"

（这是一种消极应对方式，没有向成交的方向做任何努力就将顾客放跑了，顾客离开后，一下子消失在茫茫的品牌中，变数太大，由于受到各种内外因素的影响，再回来的概率会非常小）

3. "其他店的家具跟我们店都差不多，没什么好看的。"

（这种说法是家具销售人员心虚、缺乏自信的表现，顾客听到你这么说，去其他店看的欲望反而会更强烈）

4. "我们店的家具质量和做工都是一流的，比其他店的家具好多了，不信您就去别家看看，保证您还会再回来的。"

（很多家具销售人员为了赢得顾客，往往会采取这种贬低对手、抬高自己的做法，殊不知，这样做不但会起到反效果，甚至有的顾客为了自己的面子，就算想吃回头草，也不会再回来了）

情景解析

当顾客对家具销售人员推荐的家具有一定兴趣但不甚满意时，通常会以"先到其他店看看，没合适的再回来"来应对家具销售人员的推介。在这种情况下，如果家具销售人员将顾客放跑，有一小部分顾客可能会因为没找到更合适的家具再次回来，但大部分顾客通常会因为受到各种内外因素的影响而一去不复返。

经过家具销售人员的推荐介绍后，顾客之所以会说"再到其他店看看"，原因通常有如下几种：顾客的需求非常明确，心中有一套明确的购买标准，而家具销售人员向顾客推荐的家具不符合顾客的喜好和需求；家具销售人员介绍家具的表达方式不对，或服务态度不当，令顾客感到不舒服。

面对这种不利情况，家具销售人员首先要坚定一个信念：顾客走进家具店是成交的开始，所以一定要设法让顾客多留一会儿，多了解自家家具的优势和卖点，如此才有成交的可能。

家具销售人员要想成功留住顾客，首先要注意不能急于向顾客推荐和介绍，而应该先通过与顾客随意的交流聊天，转移顾客的注意力，在无形中将顾客留下来。但这种聊天和普通的日常聊天不同，家具销售人员要在聊天过程中多添加一点专业内容，比如家具搭配知识、家具保养方法等。因为这种谈话内容不仅可以启发顾客的购买需求，还能对顾客接下来的选购起到积极的引导作用。

话术示范

顾客："我先到其他家具店再看看，如果没有合适的我再回来。"

家具销售人员："先生，您说得很有道理，买家具就应该多转转、多看看、多比较，这样才能找到更适合自己的家具。买家具也是一门学问，聪明、理智的顾客买家具时可以根据三个标准来选择，那就是喜欢的、适合的、需要的，不符合其中的任何一个标准都不要掏出钱包。"

（通过与顾客随意地聊天，在无形中将顾客挽留下来）

顾客："嗯，你说的很对。"

家具销售人员："哪里，我们这个职业接触的顾客多了，也跟顾客学习到了很多买家具的方法，记得以前有位顾客跟我说过，应该多花些时间和精力在家具跟房屋环境的搭配上，不仅能装饰住所，还能提高人的审美品位……"

（在聊天过程中尽量多添加一点专业内容）

顾客："是啊，可是你们这里很难找到适合我的款式啊！"

家具销售人员："先生，其实这边还有几款您刚才可能没有注意到，您可以过来看一下。”

顾客：“是吗？”

家具销售人员：“刚才您只看了两个相似的款式，我帮您推荐几个不同风格的款式，这样更便于您找到自己喜欢和需要的风格，然后我们再来分析如何搭配您房屋的风格，您看可以吗？”

（启发引导顾客的购买需求）

情景 10

顾客到别的家具店转了一圈后又折返回来

情景描述

顾客虽然对家具销售人员推荐的家具很满意，但还是打算先到其他家具店再看看，结果看来看去，还是觉得家具销售人员推荐的家具比较合适，于是转了一圈又折了回来。

⊗ 错误应对

1.“先生，怎么样？我没说错吧，我刚才说过您肯定会回来的！”

（这种说法不仅显得傲慢自负，而且含有“揶揄”顾客的味道，会让顾客觉得很没面子）

2.“怎么样？看来看去，还是觉得我们的家具好吧？”

（这种说法带有强烈的调侃味道，很容易引起顾客的反感）

3.“这么好的家具您还要看来看去的，何苦呢？”

（这种说法有埋怨顾客多此一举的味道，很容易引起顾客的不满）

情景解析

顾客到其他家具店转了一圈又返回来，说明顾客对家具销售人员推荐的家具还是比较感兴趣的，而且经过一番比较，对其优势也是比较认可的。在这种情况下，只要家具销售人员处理得当，成交的可能性是非常大的。

对待这种“二次登门”的顾客，家具销售人员尽量不要提及顾客第一次登门看完试完不买的事情，而应该和往常一样，给予顾客礼貌、热情、周到的接待和服务，并对顾客进行适当的肯定和赞美，以赢得顾客的好感；然后耐心地向顾客介绍家具的卖点和价值，同时引导、协助顾客进行试用体验，增强顾客的购买信心。

话术示范

范例 1

家具销售人员：“先生，欢迎您再次回来！其实刚才这款家具确实挺不错的，而且和您刚才所说的家居环境也很匹配，价格也实惠，相信您经过一番对比也发现了，我们的家具性价比其实是非常高的，您是坐下来再感受一下效果，还是我直接给您开单？”

（给予顾客礼貌、热情的接待和服务，然后耐心向顾客介绍家具的卖点和利益，同时用选择成交法引导顾客成交）

范例 2

家具销售人员：“先生，欢迎您再次回来！看来你对这款家具真是一见钟情啊！其实根据您刚才的描述，这款家具挺符合您的需求的。”

（给予顾客礼貌、热情的接待和服务，同时用幽默的语气对顾客进行肯定和赞美）

顾客：“嗯，我想再体验一下。”

家具销售人员：“好的，没问题，这边请！”

范例 3

家具销售人员：“先生，您真是会买东西，不但挑家具眼光独到，而且还会货比三家。其实买家具就该像您这样，因为只有经过比较，才能知道哪家的家具质量更好，款式更合适，价格更公道。您说是吧？”

（对顾客的做法进行肯定和赞美）

顾客：“嗯。”

家具销售人员：“先生，您看这款家具您是再体验一下，还是我直接给您开单？”

（用选择成交法引导顾客成交）

情景 11

顾客叫你，你因为忙没能第一时间作出反应，顾客显得很不满

情景描述

营业高峰时段，多位顾客一起走进家具店，家具销售人员都忙着招呼顾客。这时候，又有一位顾客进店，他想找家具销售人员给自己介绍一下橱柜的有关信息，但是叫了几声都没人回应，为此他非常不满。

⊗ 错误应对

1.“先生，您先等一会儿好吗？我等一下就招呼您！”

（这种说法有厚此薄彼之嫌，会让顾客觉得自己受到了忽视和冷落，很容易导致顾客的流失）

2. 任凭顾客如何叫喊，只管忙自己的。

（这种做法是家具销售人员缺乏专业素养的表现，很容易把顾客“气跑”）

3.“好了，好了，来了，来了！您问的这个橱柜……”

（这种说法带有一种不耐烦的味道，而且还未等平复顾客的不满情绪就急着介绍家具，会大大降低销售的成功率）

4.“今天客人实在太多了，要不您等会儿再过来？”

（这种说法不仅有厚此薄彼之嫌，而且有下逐客令的味道，顾客听到家具销售人员这么说，通常会头也不回地离开）

情景解析

在营业高峰期的时候，可能会有很多顾客同时涌入家具店，导致家具销售人员应接不暇，无法同时给予所有顾客周全的服务，并因此延长顾客的等待时间，降低了顾客的满意度。因此，家具销售人员有必要学习和掌握一些营业高峰期的待客技巧。

营业高峰期多名顾客同时光临时，家具销售人员一定要秉持一视同仁的原则，对每位顾客都要热情、有礼，平等对待，让每位顾客都感觉到随时有人为其提供服务。具体来说，家具销售人员要做到“接一顾二招呼三”，即用手接待先到者，用目光照顾后到者，用嘴巴招呼刚进店者，同时结合微笑、眼神、手势等肢体语言，让顾客感觉到你热情、周到的服务，尽量避免出现慢待顾客的情况，以最大限度地赢取顾客的满意度，争取更多的销售机会。

如果因为太忙慢待了顾客，并且引发了顾客的不满，家具销售人员必须先使用“请您稍等片刻，我马上过来”“不好意思，让您久等了”“招待不周，请您原谅”等礼貌用语诚恳地向顾客道歉，然后再为其提供服务。

话术示范

范例 1

家具销售人员：“（对先进店的顾客）真是不好意思，今天人多比较忙，麻烦您先随便看看，有喜欢的就叫我一声，招呼不周啦，请见谅！”

（先对正在招呼的顾客表示歉意，然后再去招呼后进店的顾客）

顾客："没关系。"

家具销售人员："（对新进店的顾客）先生，真是不好意思，让您久等了，都怪我刚才太忙没有注意到您，真的很对不起，请原谅。您问的这个橱柜……"

（先诚恳地向顾客表示歉意，以平复顾客的不满情绪，然后热情地针对顾客的询问进行介绍）

范例 2

家具销售人员："（对进店闲聊的老顾客）真是不好意思，张姐，今天顾客比较多，没时间好好招呼您，请原谅！您先坐在这歇会儿，或者看看我们新到的家具，我忙完马上就过来，好吗？"

（先对正在服务的老顾客表示歉意，然后再去招呼新进店的顾客）

顾客："你忙你的，不用管我。"

家具销售人员："（对新进店的顾客）真是不好意思，先生，今天客人比较多，怠慢了您，还请多多原谅。这款橱柜是前两天新到的款，现在正在做新品促销，您可以打开看看里面的结构和空间。"

（先诚恳地向顾客道歉，以消除顾客的不满情绪，然后引导顾客对家具进行体验）

情景 12

顾客是某位老顾客介绍过来看家具的

情景描述

一位顾客走进家具店，家具销售人员热情地上前接待，顾客说："我

是 ××（家具销售人员的一个老顾客）介绍过来买家具的。”

⊗ 错误应对

1.“您好，欢迎光临 ×× 家具店。”

（顾客是熟人介绍过来的，这种说法很容易让顾客产生疏远感）

2.“您好，请问您打算买什么家具？”

（这种开门见山、直奔主题的发问方式，会让顾客觉得你太势利，只注重自己的生意）

情景解析

老顾客把新顾客介绍给家具销售人员，这在很大程度上代表了老顾客对家具销售人员的认可和信任。因此，家具销售人员在接待这类新顾客时，一定要给予其足够的优待，这不仅是给新顾客面子，更是给老顾客面子。这样一来，新老顾客都会倍感尊荣。

在与新顾客沟通时，家具销售人员应该做到以下几点：先询问一下老顾客的近况，这样能在很大程度上增加顾客对家具销售人员的好感和信任——他这么关心老顾客的近况，那以后我在他这儿买了家具，他也一定会这样关心我；其次要向顾客强调店铺回头客多，服务好，让顾客觉得来找家具销售人员买家具是明智之举；第三要了解老顾客是如何向顾客介绍自己的，然后根据老顾客介绍的方面窥探出顾客选购家具时所看重的因素，并以此为根据向顾客进行推荐和介绍。例如，老顾客向新顾客介绍说“他们店家具质量好，服务周到”，这表明顾客比较看重家具的质量和家具店的服务，那么在后续的沟通中，家具销售人员就应该着重从这两方面去强化自己的优势，从而加深顾客的好印象。

话术示范

范例 1

顾客：“请问小刘在吗？”

（顾客一上门就指名道姓直接找某位家具销售人员）

家具销售人员：“我就是小刘，请问您是？”

（先确认一下顾客的身份）

顾客：“我姓赵，是 ×× 介绍我过来找你买家具的。”

家具销售人员：“哦，原来是这样。×× 先生去年在我们这里买了一套双人床，我们店大概有 60% 的顾客都是老顾客介绍来的。只要是在我们店购买家具的，普遍反映我们家的家具质量好，服务也好。×× 先生能介绍您过来，说明他非常信任我们。您放心，在我们这里买家具，保证让您满意。”

（通过强调家具店的服务好，回头客多，增强顾客的信心）

顾客：“呵呵，我也是冲着你们家具的质量和服务好才过来的。”

家具销售人员：“请问，×× 先生是怎么向您介绍的？”

（了解老顾客是如何向顾客介绍的）

顾客：“他说你们店规模大，家具质量可靠，而且服务非常周到。”

（从顾客的言语可以判断，顾客买家具比较看重质量和服务。因此，家具销售人员在之后的沟通中，要重点强调家具的品牌、质量和公司的服务，以增强顾客在这里购买家具的信心）

范例 2

顾客：“请问小刘在吗？”

（顾客一上门就指名道姓直接找某位家具销售人员）

家具销售人员：“我就是小刘，请问怎么称呼您？”

（先确认一下顾客的身份）

顾客：“我姓赵，是 ×× 介绍我过来买家具的。”

家具销售人员：“哦，原来是这样啊。×× 先生去年在我们这里买了一套橱柜。对了，您是他的老朋友吧，他现在过得怎么样啊？橱柜用得还满意吧？”

（通过关心老顾客的状况，加深新顾客对家具店的好感和信任）

顾客：“他挺好的，我和他是老同学，我最近想买套斗柜，他说你们这里的家具质量不错，让我过来看看！”

家具销售人员："×× 先生已经给我介绍过好几位顾客了，他能介绍您来，真让我感到高兴啊！哦，对了，请问 ×× 先生是怎样向您介绍的？"

（通过老顾客给自己介绍了不少新顾客，说明自己的服务和口碑好，让顾客觉得来找自己是明智之举）

顾客："哦，他说你待人实诚，办事牢靠，找你买家具肯定不会吃亏的。"

（从顾客的言语可以判断，顾客比较看重家具销售人员的人品）

家具销售人员："是嘛！ ×× 先生对我评价这么高呢！看来我要是不能帮您找到一套满意的斗柜，都没法跟 ×× 先生交代了。对了赵先生，咱们坐下来聊聊您选斗柜都有哪些具体要求吧？"

（用开玩笑的方式继续拉近与顾客的距离，然后顺势了解顾客买家具的关注要点）

顾客："好啊，我想要一套……"

（顾客讲述他购买家具所关注的要点，家具销售人员在之后的家具推介中，要重点围绕这些要点讲述家具的卖点）

老顾客再次光临家具店

情景描述

顾客李先生曾在家具店购买过一套沙发，并且给家具店介绍了不少顾客，今天他又来购买厨卫家具。

⊗ 错误应对

1.“您好，李先生，欢迎光临！”

（这种对待老顾客的态度缺乏足够的热情，和对待一般顾客没什么区别，会让老顾客有一种失落感）

2.“李先生，您好长时间没来了，今天打算买什么家具啊？”

（这种表述方式过于功利化，似乎双方之间除了买卖关系就没有别的，这会在一定程度上降低老顾客对家具店的好感）

3.“李先生，请先随便看看，有需要随时叫我。”

（这种接待方法会让老顾客觉得没有受到应有的重视，从而大大降低老顾客的购买热情）

4. 老顾客进店后，由于忙着接待新顾客等原因，暂时把老顾客晾在一边。

（这种怠慢老顾客的做法是销售的大忌，越是老顾客越需要认真接待，否则老顾客会觉得自己受到了冷落，从而对家具店失去好感和信任）

情景解析

老顾客是家具店最优质、最稳定、最具潜力的资源，基于之前的购买经验和对家具店的信任，老顾客不仅会在自己需要时选择再次登门，而且会把自己的购买体验和经验传递给周围的亲朋好友，给家具店带来更丰富的顾客资源。

然而，很多家具销售人员往往有个误区，觉得跟老顾客很熟，稍稍怠慢一点也没关系，还是新顾客更重要一些。其实不然，老顾客大多有一种“倚老卖老”的心态，希望在情感上比其他普通顾客得到更多的关注和重视，所以当老顾客再次登门时，家具销售人员一定要对他们“特殊对待”，让他们体会到一种与众不同的感觉。

记住顾客的名字

家具销售人员首先要熟记老顾客的信息资料，尤其是老顾客的姓名，如果实在记不住，最起码要记住顾客的姓。这样才能在老顾客再次登门时准确地叫出他们的称谓，给他们一种自豪感和亲切感。

以加倍的热情接待老顾客

在人际交往中，人都希望自己能受到别人的重视，老顾客更是如此。所以当老顾客第二次登门时，家具销售人员一定要拿出加倍的热情来接待他们，并尽量以朋友的身份与他们沟通。比如，“李先生，您来了，盼了您好久了！”“李先生，您好久没过来了，最近忙什么呢？”“李先生，好久不见了，最近好吗？家人都挺好的吧？”声音要高亢一点，同时表情、动作也要表示出足够的热情，比如快步迎上前去、主动给顾客拿包、泡茶等。

真的很忙怎么办

如果家具销售人员真的很忙，起码也要跟老顾客先打个招呼、倒杯水，然后致以歉意：“李先生，不好意思，您先坐一下，我接待完那位顾客，马上就过来！”顺便拿一些家具宣传册给老顾客看，一来不让老顾客干等着，二来让老顾客了解一下家具店的新品信息。忙完其他顾客后，家具销售人员要再次向老顾客表示歉意：“李先生，实在不好意思，让您久等了！”这样老顾客也不会责怪你。

对帮忙转介绍或推荐的老顾客表示感谢

如果老顾客帮忙介绍了新顾客或做了推荐，那么不管成功与否，都要对老顾客表达诚挚的感谢，比如：“谢谢您李先生，这次您可帮了我的大忙，否则我不可能那么快成交的/李先生，您给我们介绍了不少顾客，非常感谢您对我们家具店的厚爱与支持。”

建立顾客档案

每次接待结束后，家具销售人员最好及时建立一个顾客档案，登记顾客的姓名、联系方式等基本信息，和他们的性格、外貌等特征，以及他们的特殊话语、特殊事件、独特需求、特别关注点等。这样当顾客再次登门时，你就能说出他们曾说过的一些话或做过的一些事，从而令顾客印象深刻。

另外，家具销售人员最好把每次与顾客沟通的要点记录下来，因为这里面很可能包含着顾客的需求信息。这样当顾客再次登门时，你就能直接把能够满足其需求的家具推荐给他们。

范例1

家具销售人员："哇，李先生，好久没见到您了，您变得更加帅气了！看把您冻的，赶快坐下来喝杯热水暖和暖和！"

（热情地接待和赞美顾客，并以朋友的身份与顾客沟通）

顾客："好的，谢谢。"

家具销售人员："对了，李先生，有件事我得好好谢谢您呢。上周五有位何先生来买沙发，您可帮了我的大忙，否则我不可能那么快成交的。真的谢谢您了，您的推荐太专业了，比我们推荐得都好啊！"

（对老顾客帮忙推荐表达真挚的感谢）

顾客："哪里哪里，不用客气。"

家具销售人员："应该的，我们店长再三嘱咐我，一定要好好谢谢您对我们店的厚爱与支持。"

（用店长的嘱托，彰显对老顾客的尊重和重视）

顾客："你们真是太客气了，哈哈。"

家具销售人员："对了，李先生，您上次说想要一套床具，我们这几天正好上了一些新货，材质和款式都非常棒，等会儿我再慢慢为您介绍。"

（清楚地记得老顾客的需求，让老顾客获得一种亲切感和自豪感，并转入正题，向顾客进行推介）

范例2

（家具销售人员正在为一位新顾客服务，这时一位老顾客走进家具店）

家具销售人员："（对新顾客）对不起，先生，请您稍等一下，我过去打一下招呼马上就回来。"

（先对正在服务的新顾客致歉，然后再去招呼老顾客）

顾客："好的。"

家具销售人员："（对老顾客）李先生，您已经好久没来了，许久不见，我还怪想您的呢！最近在忙什么呢？家人还好吧？"

老顾客："瞎忙呗。我家人都挺好的，谢谢关心。"

家具销售人员："（给老顾客倒上一杯茶水，然后小声说）李先生，您先随意看看，我招呼完那位客人马上过来。"

（尽管正在忙碌，但家具销售人员对老顾客仍然热情有加，并通过"悄悄话"的方式向老顾客展示一种特殊的亲密感，从而增加老顾客的好感和信任感）

老顾客："好的，你先忙你的。"

（3～5分钟后，新顾客忙完了）

家具销售人员："不好意思，李先生，让您久等了！请问您今天……"

（忙完其他顾客后，再次向老顾客表示歉意）

情景 14

顾客带着装潢设计师一起来选购家具

情景描述

顾客购买家具比较谨慎，带着装潢设计师一起来看家具，以便让设计师帮自己把关。

⊗ 错误应对

1. 对设计师处处设防，一旦他说出对成交不利的话，立即予以制止和反驳。

（顾客既然把设计师带来，家具销售人员就应给予其充分的尊重，不

要对他的“指手画脚”表示不满，否则很容易引起顾客的不满和怀疑）

2. 认为设计师是装潢方面的专家，所说的一切都是对的，不敢发表任何不同意见。

（在装潢方面，家具销售人员的确应该给予设计师应有的尊重，但也不用过于心虚，更不能被设计师牵着鼻子走，否则很可能给成交造成阻碍，甚至导致交易的失败）

3. 一味赞美、奉承设计师，以赢得他的好感，争取让他为自己说好话。

（赞美虽然能在一定程度上赢得设计师的好感，但设计师却是顾客请来的，必然时时处处站在顾客一边，所以此法未必对成交有利）

情景解析

很多顾客为了保险起见，常常在购买家具时带着装潢设计师一起前来。尽管设计师对家具的优劣没有发言权，但在家居环境与家具的匹配、风格搭配方面却是非常专业的，而且顾客对他们的意见是非常信任的。

为了避免设计师过多地影响顾客的购买决策，家具销售人员首先要设法赢得设计师的好感和信任，比如：在其发表看法和意见时，家具销售人员要虚心、耐心地听取，并对其专业性表示由衷的称赞；另外，家具销售人员还可以尝试着用利益动其心，主动表示愿意为其提供客源，设计师是以提供房屋装修设计为业的生意人，他见自己有利可图，自然会嘴下留情，不至于说出破坏交易的话来。

当然，家具销售人员也不必在设计师面前过于示弱，觉得他说什么都是对的，要知道，家具交易是以平等为基本原则的，买卖双方的权利和义务是等同的。只要抓住了这一点，就不必过于担心设计师的干扰。

话术示范

家具销售人员：“赵先生，您觉得这套家具怎么样？”

顾客：“还行吧，只是我不太确定和我们家的装修风格是否搭配。这样吧，我明天带我朋友过来看看，他是做装潢设计的，对这个比较在行。”

（第二天，顾客果然把设计师带来了）

顾客：“小刘，我给你介绍一下，这位就是我昨天跟你提过的装潢设计师，水平很高的，我有很多朋友都是找他做房屋装潢设计。”

家具销售人员：“您好，很荣幸认识您。昨天听赵先生提起您的大名！真是闻名不如见面，要是我能早一点认识您就好了，以前上学时我一直想考装潢艺术设计，可惜没考上。以后有这方面的需要，我就可以向您请教了！”

（称赞装潢设计师，以赢得其好感和信任）

设计师：“哪里，你太客气了。”

家具销售人员：“对了，上星期我有几个顾客想买家具，他们想看看家具的风格是否与家居环境协调、匹配，可就是找不到合适的装潢设计师，他们说一定要找装潢设计师看过才敢买。不知道以后要是还有顾客想请装潢设计师或咨询装潢方面的问题，能否找您帮忙？”

（向装潢设计师暗示自己有很多客源，以利益动其心）

设计师：“没问题，这是我的名片。”

情景 15

向顾客索要联系方式等个人信息，顾客不愿告知

情景描述

一位顾客前来购买家具，家具销售人员经过一番推介后，顾客不为所动，于是销售人员向顾客索要电话号码等个人信息资料，以便为第二次销

售做准备，但是顾客却不愿告知。

⊗ 错误应对

1. 顾客不愿说就算了。

（这种做法无异于主动放弃顾客，不是一个优秀的家具销售人员应该采取的态度）

2. 顾客不说就接连发问。

（这种做法显得过于冒失和急功近利，很容易将顾客“吓”跑）

3. 用公司规定要求顾客留下电话号码等个人信息。

（这种做法有强制顾客之嫌，很容易引起顾客的反感）

4. 告诉顾客只有留下电话号码，有合适的家具时才能通知他。

（这种方法只能使一部分顾客留下电话号码，大部分顾客仍然会因为害怕受到过多的电话骚扰而不愿留电话号码）

情景解析

购买食品能在很短时间内做出决定，而购买家具尤其是大宗家具，往往需要一个过程。在这个过程中，家具销售人员和顾客沟通的质量如何、有没有建立起信赖感等因素将直接影响到成交的可能性。如果家具销售人员在第一次接待顾客时能够留下顾客的一些个人信息资料，比如顾客的姓名、住址、联系方式等个人背景信息，以及顾客偏好的款式、材质、颜色等产品需求信息，成交的概率就会大大增加。

在上述这些信息中，最关键的两条是顾客的姓名和联系方式，只有获悉了这两条，家具销售人员才能进行以后的销售跟进。那么，家具销售人员怎样才能成功取得顾客的姓名和联系方式呢？

家具销售人员要想获得顾客的姓名，最好先报上自己的姓名，然后稍作停顿，给顾客自报家门的机会，如果顾客想说自然会主动说出来；如果顾客不想说，家具销售人员就要用礼貌、柔和的语调引导顾客说出来，比如：“先生，请问您贵姓”“先生，请问怎么称呼您”等，如果顾客有心购买家具，他自然会留下姓名。

家具销售人员要想获得顾客的联系方式，一般可以采用以下几种方法：

讲清利益和好处

如果顾客不愿留下联系方式，这时候家具销售人员就要跟顾客讲一讲留下联系方式的利益和好处，比如一旦有符合其条件和需求的家具，可以随时联系上他。同时，家具销售人员要向顾客保证，自己绝不会随意骚扰顾客，更不会随便泄露顾客的信息资料。一般情况下，只要顾客听了这两点，都会乐意把联系方式留下来。

交换号码

在人际交往中，人们大都很注重礼尚往来，比如我主动给你留了名片，那么从礼节上来说，你也应该给我一张你的名片。家具销售人员在索取顾客的联系方式时，也可以运用这种方式，比如："先生，我们的电话号码是……您以后有什么问题可以随时联系我，请问您的联系方式是？"

在与顾客交换联系方式时，最好请顾客坐下来，然后递给顾客纸和笔，让他把电话号码写下来。这属于一种心理技巧，当顾客接过纸和笔，一般都不会拒绝的。

范例 1

家具销售人员："先生，请问您的电话号码是多少呢？"

顾客："电话号码我就不留了，有需要的话我会再来的。"

家具销售人员："先生，根据您刚才所描述的家居环境，我们这几天正好有一批适合您的新款家具要到货，我想等到货了跟您联系呢。"

（制造借口索取顾客的联系方式）

顾客："我以前在别的家具店留过一次电话，结果一个月里接到了十来次电话，烦死人了！"

家具销售人员："先生，我非常理解您的感受。您放心，我们公司在顾客信息管理方面是非常严格的，按照公司规定，我和我的同事不会随便给您打电话的，更不会随意泄露您的个人信息。”

（先对顾客的心情表示理解，然后用公司规定消除顾客的顾虑）

顾客：“好吧，你记一下我的电话……”

范例 2

家具销售人员：“先生，我姓刘，您叫我小刘就行。请问怎么称呼您？”

（先报上自己的姓名，然后引导顾客说出自己的姓名）

顾客：“我姓马。”

家具销售人员：“马先生，真的很抱歉，没能找到令您满意的家具。对了，您能说说您大概的购买要求吗？”

（询问顾客的购买需求）

顾客：“购买要求？”

家具销售人员：“是的，马先生，家具的材质不同，价格不同，我们的优惠力度也会有所差异，不知道您打算要什么材质和价位的？”

（迂回询问顾客的需求情况）

顾客：“实木的就行。”

家具销售人员：“好的，马先生，我会尽快跟厂家联系，看看有没有符合您要求的家具。我的电话是13……请问您的电话是？了解清楚后我会立刻打电话给您的。”

（利用礼尚往来索取顾客的联系方式，同时递给顾客纸和笔）

第二章
按下顾客的消费“按钮”
——发掘顾客需求情景训练

和其他商品销售一样，家具销售也是一个发掘顾客需求、引导顾客需求、并最终满足顾客需求的过程。通常情况下，顾客的购买欲望越强烈，购买需求越迫切，其购买决策就会做得越迅速、越果断。因此，家具销售人员有必要学习和掌握一些发掘、引导顾客需求和激发、增强顾客购买欲望的方法和技巧，只有这样，才能快速找出与顾客需求相匹配的家具，并将最能打动顾客的家具卖点推介给顾客，从而快速、高效地促进交易的达成。

情景 16

家具销售人员想了解顾客的有关信息

情景描述

顾客到家具店购买家具，家具销售人员想全方位了解一下顾客的有关信息，以便让自己接下来的推介工作更有针对性。

⊗ 错误应对

1.“请问您的家具是几个人用？”

（旨在了解顾客的家庭情况，但这种发问方式好像在查户口一样，很容易引起顾客的反感）

2.“请问您是做什么工作的？”

（旨在了解顾客的工作情况，但这种发问方式会让顾客觉得你不像在卖家具，而是有其他什么企图）

3.“请问您孩子多大了？”

（旨在了解孩子是否是顾客购买家具要考虑的因素，但这种发问方式显得有些唐突）

情景解析

在向顾客推介家具之前，家具销售人员首先应该对顾客的有关信息进行一个全面的了解，比如顾客的个人情况、家庭构成、经济状况等，对顾客的信息了解得越全面、越详细，越能把准顾客的需求和喜好，从而越容易为顾客匹配出最合适的家具。

一般来说，家具销售人员需要了解的顾客信息内容包括以下几个方面：顾客的个人资料，比如姓名、地址、联系方式等；顾客的家庭情况，比如家庭成员、婚姻状况、家庭收入等；顾客的工作情况，比如工作单位、工作地点、个人职位等；顾客的家居环境，比如居住面积、户型、装修风格等；顾客的购买需求，比如购买家具的动机、购买家具的具体需求、购买家具的关注重点等；购买的决策情况，比如购买家具的资金来源、谁是关键决策人等；顾客对市场的了解情况，比如曾经看过哪些家具品牌、对这些家具品牌的感觉如何等。

在挖掘顾客的相关信息时，家具销售人员要注意，千万不要太直白地向顾客发问，更不要像查户口一样，左右盘问，追问不休，这样的方式会让顾客倍感压力，甚至引起顾客的反感和抵触情绪。最好的方法是一边跟顾客闲聊，一边在不经意间提问，让顾客在没有防备的情况下自然说出内心的真实想法；家具销售人员也可以向顾客阐明，自己想了解情况是为了帮助其更好地购买合适的家具，以化解顾客的压力感和抵触情绪；家具销售人员还可以通过赞美顾客的方法，让顾客在愉悦的心情中自然而然地作出回答；当然，如果顾客比较容易相处，家具销售人员也可以用单刀直入的方式进行提问，不过在提问前最好先征求一下顾客的意见。

范例1

家具销售人员：“先生，看您这么年轻，应该还没有结婚吧？”

（通过赞美顾客年轻，了解顾客的家庭结构情况）

顾客：“哪里，我早就结婚了，我家孩子都已经3岁了。”

家具销售人员：“是吗？真是看不出来。那您是准备买一套一家三口一起用的家具啦？”

（继续赞美顾客，并顺势探询顾客购买家具的动机）

顾客：“是的。这不孩子也到入幼儿园的年龄了嘛，该给他添置一些衣物了，所以原来的衣柜不够用了。”

家具销售人员："是啊，现在的家长最心疼孩子了，给孩子花钱非常舍得。我有一位顾客，就是因为孩子上学买了不少新衣物，来我们这儿买了一套全实木衣柜……"

（先对顾客的看法表示肯定，然后顺势介绍相关联的家具）

范例 2

家具销售人员："先生，真羡慕您有个可爱的儿子，您儿子一定很讨人喜欢吧！"

（在之前的沟通中了解到顾客有个儿子，通过赞美顾客为后面的询问做铺垫）

顾客："嗯，不过就是我老婆太辛苦了，平时我工作比较忙，回家比较晚，她每天下班回到家，还要照顾那个小捣蛋鬼，真是够累的！"

家具销售人员："俗话说：一个成功男人的背后一定有一个默默奉献的女人，看来一点都不假。您太太一定是个非常能干、贤惠的女人！"

（赞美顾客的妻子）

顾客："呵呵！"

家具销售人员："那您这次买家具可得多为您太太考虑考虑，买个她喜欢的，让她看着用着都舒心。哦对了，您太太喜欢什么款式和颜色啊？"

（询问顾客购买家具的关注重点）

顾客："哦，她喜欢……"

范例 3

家具销售人员："先生，为了更准确地了解您的购买需求，我可以问您几个问题吗？"

（单刀直入提出问题，并礼貌地征求顾客的同意）

顾客："可以啊，请随便问！"

家具销售人员："是这样的，不知道您平时是不是和老人一起住？如果是，我就不能给您介绍小的餐桌了，否则一家人吃饭不够用。"

（探询顾客的居住情况，同时说出提问的理由，让顾客自然而然地接受提问）

顾客：“哦，不是的，就我、孩子和我先生三个人。”

情景 17

想了解顾客对家具类别的需求

情景描述

顾客走进家具店，快速扫视了一下店内的家具摆设，然后在各个家具区域来回转了好几圈，但就是不说自己想要什么家具。

⊗ 错误应对

1.“先生您好，请问您想买什么家具？我帮您介绍一下。”

（“买”字属于敏感字眼，而且顾客逛店并不见得有明确的购买需求，所以家具销售人员这么问，很容易给顾客带来心理压力）

2.“先生您好，我们的厨卫家具在里边，我带您过去看看吧！”

（在没有了解顾客的购买需求之前，家具销售人员千万不要主观臆断，更不要盲目地向顾客推介，一旦您的推介不符合顾客的需求，很容易引起顾客的反感）

情景解析

通常情况下，家具店都会把相同类别的家具摆放在一起，以便于顾客选购。顾客走进家具店后，很容易就能找到自己想购买的家具类别。而有的家具店规模比较大，家具类别也比较多，办公家具、客厅家具、卧室家具、书房家具、儿童家具、餐厅家具、厨卫家具和辅助家具等一应俱全，顾客走进家具店后，若没有家具销售人员的引导和帮助，往往很难找到自己想要的家具，甚至有的顾客因为没有找到自己感兴趣的家具，逛了一圈后就准备离开了。因此，顾客登门以后，家具销售人员首先应该搞清楚顾客想买哪一类家具，然后引导顾客到目标类别的家具区域，再根据顾客的其他购买标准和要求向其推荐适合的家具。

一般来说，家具销售人员可以在以下两个时间点挖掘顾客对家具类别的需求：

顾客刚进店时

对于刚进店的顾客，家具销售人员应及时、热情、礼貌地询问其是否有明确的家具类别需求。如果有，就将顾客引领到指定的家具区域；如果顾客没有比较明确的购买目标，可向顾客适当介绍一下家具店的货物摆放情况，然后给顾客自由浏览、选择的空间。

顾客准备离开时

当顾客自由浏览了一段时间，没有找到自己想要或感兴趣的家具时，通常会选择离开。这时候，家具销售人员应主动上前询问顾客对家具类别的需求，并给予顾客适当的引导和帮助。

需要注意的是，有些顾客进入家具店时可能并没有明确的购买计划，他们只是抱着休闲、消遣的态度来逛家具店的，如果在逛的过程中发现了自己感兴趣的家具，可能也会顺便买下来。所以家具销售人员在询问顾客对家具类别的需求时，语气一定要委婉，态度一定要热情、有礼，不要给顾客太大的压力。

范例 1

家具销售人员："先生，您好，欢迎光临 ×× 家具店，请问您想看看哪类家具呢？我给您介绍一下，也方便您挑选，好吗？"

（热情、礼貌、委婉地询问顾客想购买的家具类别，但注意尽量不要用"买"字。这种方法一般适用于刚进店的顾客）

范例2

家具销售人员：“美女，您好，我们家具店分为八个区，分别为办公家具区、客厅家具区、卧室家具区、书房家具区、餐厅家具区、厨卫家具区、儿童家具区和辅助家具区，请问您打算看哪类家具？我给您介绍一下，也好方便您挑选，好吗？”

（礼貌地向顾客介绍店内的家具区域划分，然后询问顾客想购买的家具类别。这种方法一般适用于逛了很长时间仍没发现目标家具的顾客）

范例3

家具销售人员：“这位大姐，请留步。请问您想看哪一类家具？或许我能给您介绍几款合适的，您买不买都没关系，就当多看看，多比较一下，也好有个参照，好吗？”

（先诚恳地挽留顾客，然后礼貌地询问顾客想购买的家具类别。这种方法一般适用于在店内逛了一圈但没有发现目标家具而打算离开的顾客）

情景18

想了解顾客选购家具时对材质的要求

情景描述

一位顾客走进家具店，在衣柜区仔细浏览着，还时不时地伸手摸一摸，并自言自语道：“不知道这种材质的衣柜结不结实？耐不耐用？”

⊗ 错误应对

1.“实木家具结实耐用，但价钱比较贵，板式家具便宜一些，不知道您喜欢哪种呢？”

（这是一种让顾客很难作答的询问方式，因为它违反了顾客追求“物美价廉”的心理：顾客如果回答要好的，在价钱上又觉得不甘心；如果回答要便宜的，又会觉得很没面子）

2.“您是打算买材质比较好的呢，还是比较次的呢？”

（不同的材质虽然有价格的区别，但是也各有各的优点，因此在家具销售人员嘴里，家具不该有“好”“次”之分，而只有适合顾客和不适合顾客之分。这种以“好”“次”为选购标准的询问方式，因为让顾客很难作答，顾客很可能知难而退，干脆不买了）

3.“这种实木家具既结实耐用又典雅大气，我给您介绍一下吧？”

（家具销售人员在没有了解顾客的喜好和需求之前，最好不要急于向顾客推荐和介绍，否则很容易得到顾客的否定回答）

情景解析

材质是顾客在买家具的过程中非常重视的一个因素，因为不同材质的家具不仅价格差异很大，而且用起来档次和感觉也完全不同。所以家具销售人员在向顾客推荐家具之前，有必要先探知清楚顾客对材质的偏好，以便有针对性地向顾客推荐适合其需求的家具。

家具销售人员在挖掘顾客对家具材质的喜好和需求时，可以直截了当地询问顾客，也可以将不同材质的优点列举出来，让顾客选择，看顾客更倾向于哪一种。不过家具销售人员一定要注意，提问方式必须委婉、含蓄、有礼貌，尽量避免使用“便宜的材质”“次的材质”等容易引起顾客负面情绪反应的字眼。

此外，为了更好地向顾客推荐和介绍不同材质家具的特点和优点，从而赢得顾客的信任，提升顾客的购买兴趣，家具销售人员有必要在平时学习和掌握一些家具材质方面的知识，比如家具材质的分类（实木、板式、藤制等）、不同材质的不同特点（如实木家具天然环保、古朴典雅、清新自然、使用寿命长；板式家具颜色鲜艳、款式新颖、不易开裂、价格适中、不易虫蛀；藤制家具色泽素雅、古朴清爽、轻巧灵便，有浓郁的乡土气息）等。这样当顾客在材质方面提出疑问时，家具销售人员才能给顾客一个专业的解释和指导。

范例1

家具销售人员：“先生，您好，看衣柜呀，请问您平时喜欢什么材质的？”

（直接询问顾客对材质的喜好和需求）

顾客：“哪种材质的好一点啊？”

家具销售人员：“衣柜的材质分为纯实木、仿实木、板式等几种。其中纯实木衣柜表面能够看到木材原生态的美丽花纹，造型古朴典雅，线条饱满流畅，色泽清纯亮丽，而且天然环保，无化学污染，符合现代都市人崇尚自然的心理需求，是健康、时尚家居的首选；仿实木衣柜是实木与人造板混用的衣柜，这种工艺节约了木材，降低了成本，所以价格要相对低一些，不过它的纹理、手感及色泽都和纯实木衣柜一模一样；板式衣柜主要由禾香木或刨花板以及密度适中的纤维板进行表面贴面等工艺制作而成，其原料及加工成本相对较低，价格也相对较低，能满足不同消费阶层的消费要求，而且板式衣柜造型稳定性好，不易受到气温和空气湿度的影响而变形，而且其颜色不受约束，可以随心所欲，造型设计也变化多端，能够满足现代人追求个性和时尚的要求。不知道您觉得哪一种更合适一点？”

（将不同材质的优点列举出来，让顾客选择）

范例2

家具销售人员：“姐，请问您想看看什么材质的衣柜呢？”

（直接询问顾客对材质的需求）

顾客：“我也不知道哪种材质的更好一点。”

家具销售人员：“其实不同的材质各有不同的优缺点，关键要看您最看重的是哪方面。比如……您可以根据自己的需要来进行选择。请问您这次选衣柜是放在多大的房间里？房间的装修风格是怎样的？”

（将不同材质的优缺点列举出来，让顾客根据自己的需要作出选择）

顾客：“就放在一间小卧室里，大概也就20平方米，装修很简单……”

家具销售人员：“哦，那您选择这款仿实木的就行，它是实木和人造板混用的，侧板、搁板使用的是薄木贴面的刨花板和中密度纤维板，门和抽屉使用的是实木，从外观上看，和纯实木衣柜一模一样。而且由于节约了木材，降低了成本，价格也非常实惠。”

（根据顾客的实际情况进行推荐和介绍）

情景19

想了解顾客喜欢什么风格的家具

情景描述

一位顾客走进家具店，他一边浏览着店里的家具，一边自言自语地说：“怎么就找不到我喜欢的家具呢！”

⊗ 错误应对

1.“先生，请问您想看什么风格的家具？”

（这种询问方式过于专业，尤其是“风格”这样的专业词汇，很容易让顾客摸不着头脑）

2.“先生，我们店的家具这么多，怎么会找不到您喜欢的呢？”

（这种反问的方式只是家具销售人员站在自己的立场上说话，并且暗含着嫌弃顾客太挑剔的意思，不利于销售工作继续往下进行）

3.“先生，根据您刚才的描述，我觉得这款家具挺适合您家的装修风格。”

（这种替顾客下结论的说法，很容易导致销售工作的中断。顾客喜欢什么风格的家具，他心中通常会有一个大概的标准，所以家具销售人员最好不要犯这种越俎代庖的错误）

情景解析

因为大多数顾客在家具方面都属于非专业人士，所以他们对家具风格（家具风格大体分为现代家具、后现代式家具、欧式家具、美式家具、中式古典家具、新古典家具、韩式田园家具、地中海家具、东南亚家具等几种）的概念一般是比较模糊的，但是把一件家具摆在他们面前，他们一眼就能看出是不是他们喜欢的风格。因此，家具销售人员在向顾客推荐家具前，有必要先了解一下顾客在家具风格方面的偏好和需求，这样才能提高推荐和销售的成功率。

家具销售人员挖掘顾客对家具风格的需求有两种方法：第一种是列举询问法，即先列举一些具体的家具风格，然后询问顾客比较倾向于哪种；第二种是场合配对法，即通过询问顾客家具的使用环境和场所，来判断顾客对家具风格的需求，进而有选择性地为顾客进行推荐和介绍。

范例 1

家具销售人员：“美女，请问您平时喜欢什么风格的家具呢？我们的家具分为美式家具、欧式家具、韩式田园家具、中式古典家具、新古典家具等几种风格。美式家具奢侈、尊贵、大气而又不失自在、舒适与随意，它倡导家庭成为释放压力和解放心灵的净土，这种理念正好迎合了时下文化资产阶层对生活方式的追求；欧式家具结构简练、线条流畅、色彩绚丽、艺术感强，讲究手工精细的裁切和雕刻，给人的整体感觉是华贵典雅，是高贵生活的象征；韩式田园家具外形小巧、精致、优雅、时尚、实用，多以象牙白为主，并配以纷繁的花卉图案，能带给人一种悠闲、舒畅、自然的田园生活情趣……不知道您喜欢哪种风格？”

（列举一些具体的家具风格，然后询问顾客倾向于哪种）

顾客：“我比较喜欢美式的。”

家具销售人员：“哦，那您看看这几款……”

（根据顾客的风格喜好，向顾客推荐相应风格的家具）

范例2

家具销售人员：“先生，您好！为了节省您的时间，我想问一下您的家具是打算放在什么场所使用，面积和装潢风格如何？”

（向顾客询问家具的使用环境和场所）

顾客：“哦，我就放在我家的卧室里，面积不大，装修也很简单……”

家具销售人员：“哦，那您可以考虑一下这几款现代中式家具。现代中式家具的特点是简洁明快、时尚新潮，既保留了传统中式家具的意境和精神象征，又简化了其繁杂的制作工艺和各种精细的纹路图案，而且非常注重居室空间的布局和使用功能，符合现代人的审美观点和精神追求，特别适合年轻人使用。您觉得如何？”

（根据顾客的使用场所和环境特点，判断出顾客对家具风格的需求，并向顾客进行相应的推介）

情景20

想了解顾客选购家具喜欢什么颜色

情景描述

一位顾客走进家具店，家具销售人员在了解了顾客需求的类别、风格和材质后，向顾客推荐了一款家具，顾客看了看，说：“材质和风格倒是不错，可惜颜色我不太喜欢。”

⊗ 错误应对

1.“那您想要什么颜色的？”

（这种询问方式显得生硬、机械，容易让顾客心里觉得不舒服）

2.“没关系，我再带您去看看别的颜色的。”

（这属于“无的放矢”的做法，家具销售人员应该先探询顾客的颜色偏好，然后再有针对性地向顾客推荐）

3.“我觉得这个颜色挺好的啊！”

（家具销售人员应该尊重顾客的选择，而不要按照自己的喜好和眼光代替顾客下结论，否则很容易引起顾客的反感）

情景解析

不同颜色的家具不仅能彰显不同的生活品位和个性，还能在一定程度上影响人的情绪，所以顾客在挑选家具时，不仅会考虑材质、做工、款式、风格，还会考虑家具的颜色，即根据自己的喜好和家居环境选择最适合自己的颜色。

家具的颜色是顾客购买决策过程中一个非常重要的影响因素，所以家具销售人员在向顾客推荐家具之前，有必要先了解一下顾客对颜色的偏好和其家居环境，然后据此向顾客推荐颜色适合的家具。家具销售人员在询问顾客对颜色的喜好时，可以将不同颜色的优点一一列举出来，以加强家具对顾客的吸引力，这就要求家具销售人员掌握一定的色彩搭配专业知识，以便在介绍时显得专业、自信，从而赢得顾客的信赖；也可以直接询问顾客对颜色的喜好，但注意提问方式要尽量自然、得体，不要给人过于突兀的感觉。

范例 1

顾客："这款家具款式倒是不错，不过颜色我不太喜欢。"

家具销售人员："姐，那请问您平时比较喜欢使用什么颜色的家具呢？"

（询问顾客对颜色的喜好，以便为顾客推介符合其喜好的家具产品）

顾客："……"

家具销售人员："那请问您打算放在什么房间使用？房间的朝向、形状和装修风格如何呢？"

（询问顾客的家居环境，以便为顾客推介符合其需求的家具产品）

范例 2

顾客："这款家具就这一种颜色吗？"

家具销售人员："姐，您真有眼光！这款家具是今年的新款，除了这款棕色的外，还有多种颜色可供您选择，比如有 × 色、× 色、× 色……就看您放在什么房间使用，以及房间的朝向、形状和装修风格如何了。比如您打算放在客厅，可以选择浅玫瑰红或浅紫红色调，这两种颜色能让您和家人进入客厅时感到温和、舒服；如果您打算放在卧室，则适合选择浅绿色、浅桃红色或浅蓝色，浅绿色、浅桃红色能使人产生春天般温暖的感觉；浅蓝色则能令人联想到海洋，使人镇静、安神，身心舒畅。再比如您的房间是朝南的，由于房间日照时间较长，最好使用冷色调，这样能使人感到更舒适，房间效果也更迷人；如果是朝北的，由于没有阳光的直接照射，最好选择暖色调……您看看，这几种颜色哪一种更适合您呢？"

（向顾客介绍不同颜色家具的特点和卖点，以加强家具对顾客的吸引力，并用选择提问法挖掘顾客的颜色需求）

情景 21

顾客进店只是一个劲儿地逛，却对买家具的事只字不提

情景描述

一位顾客走进家具店，一会儿停在这款家具前看看，一会儿停在那款家具前摸摸，似乎对很多款家具都很感兴趣，但就是对买家具的事只字不提。

⊗ 错误应对

1. “您是来逛着玩的，还是来买家具的啊？”

（这种提问方式对顾客缺乏礼貌和尊重，很容易引起顾客的不满和反感）

2. “您刚才看的这几款家具都挺不错的，而且正在搞促销，您要买吗？”

（这种直接询问顾客要不要买的做法会给顾客造成心理压力，很容易得到顾客的否定回答）

3. “您都来来回回看了好几趟了，到底买不买啊？”

（这种说法带有一种不耐烦的情绪，对顾客缺乏基本的礼貌和尊重，很容易引起顾客的不满，降低顾客的选购热情）

情景解析

逛家具店的顾客大致可分为两类：一类是购买计划比较明确，只要看

到自己中意且价位也符合自己预算的家具，就会立刻买下来；另一类是没有明确的购买计划，逛家具店就是为了看看，考察考察家具行情，为将来购买做准备，这类顾客在逛的过程中如果遇到令自己特别心仪的家具，也会在一时冲动下买下来，但也有可能因为价位太高等原因迟迟做不出购买决策。家具销售人员要做的就是了解顾客的真实情况，探知顾客的真实想法，然后再采取有针对性的办法向顾客推荐家具。

无论是哪种顾客进入家具店，家具销售人员都应该予以热情的接待，并礼貌地探询顾客的需求，如果顾客表示“只是想逛逛，不打算买”，家具销售人员应礼貌地向顾客表示“没关系，请随意看”，然后再试探性地询问顾客这么说的原因。也可以试探性地向顾客讲解一下某款家具的卖点和利益，讲解时要注意观察顾客的反应，如果顾客有兴趣，就加强推介力度，引导顾客成交；如果顾客对你推荐的家具没什么兴趣，那你就要再次探询顾客的需求，及时转换到其他家具的推介上。

当顾客对家具销售人员推荐的家具比较感兴趣时，家具销售人员要主动询问顾客的具体购买时间。但要尽量避免直接问顾客“今天买不买”，这种询问方式目的性、功利性太强，很容易令顾客反感，甚至产生对抗情绪放弃继续挑选。所以家具销售人员在提问时要注意用其他字来代替“买”字。同时，要向顾客强调家具的紧俏性，最好能用实例说明如果顾客不告知购买时间会有什么严重后果，从而迫使顾客就范。

范例1

家具销售人员：“您好，姐，您真是太有眼光了！这款书桌是北美进口白橡木材质的，所有部位都是纯实木的，表面喷漆采用的是品牌净味油漆，没有任何异味，非常环保。您再看它的花纹和色泽，花纹通透，色泽优雅，无论何种角度摆放，都非常美观、大气。如果您今天要的话，我们还有优惠。”

（选择一款顾客特别中意的家具进行卖点介绍，并用价格优惠试探性

地询问顾客是否有购买计划）

范例 2

家具销售人员：“姐，您看上去气质高雅、文静，而这款书桌设计简洁、大方，并且色泽优雅，整个桌体全部采用北美进口白橡木材质，非常适合您的气质。”

（边介绍边观察顾客的反应，假如顾客看上去有些兴趣，就继续在顾客面前强调家具的优点和卖点）

范例 3

家具销售人员：“先生，这款书桌采用了独特的口字形桌腿，非常富有设计感，漂亮又稳固，很适合您这样稳重的男士用。”

（向顾客讲解家具的卖点和利益）

顾客摇头，似乎不太满意。

家具销售人员：“您是不是不喜欢这种原木色的啊，那您再看看这款仿古色和这款胡桃色的，也很适合您的稳重气质，您觉得呢？”

（继续给顾客推荐的理由，并再次探询顾客的需求）

范例 4

家具销售人员：“姐，我想问一下这款书桌您今天打算要吗？”

（用“要”字而不是“买”字询问顾客的具体购买时间）

顾客：“不急，我再看看。”

家具销售人员：“不好意思，可能这个问题我问得太早了，只是您看中的这款书桌很受欢迎，现在就剩下几件库存了。昨天有一位顾客也看中了这款书桌，准备买下来送给孩子做生日礼物，可是因为带的钱不够没有买，说是这两天就过来付款取货呢。既然这款书桌您这么喜欢，不如今天就带着吧！”

（向顾客强调家具的紧俏性，并用其他顾客的实例作证明）

情景 22

顾客也不知道自己想买什么样的家具

情景描述

一位顾客在家具店内逛了很久，似乎还没有发现自己喜欢或感兴趣的家具。家具销售人员见此情形，赶紧走过去跟顾客打招呼："先生，您好！请问您想看看什么家具呢？我可以帮您介绍一下。"顾客有些不好意思地说："我也不知道自己想买什么样的家具！"

⊗ 错误应对

1. "啊？您怎么连自己想买什么样的家具都不知道啊！"

（这种说法暗含着嘲笑顾客的味道，容易引起顾客的不满，导致销售的中断）

2. "哦，那您先慢慢看吧，看到喜欢的再叫我。"

（这是一种消极应对方式，对顾客缺乏热情和主动引导，很容易导致顾客的流失——顾客一旦看不到自己喜欢或感兴趣的家具，就会很失落地离开）

3. "哦，那我给您推荐一款吧，肯定适合您。"

（这种说法太过绝对和武断，一旦你推荐的家具不合顾客的心意，顾客就会觉得你是一个信口开河的人，从而对你失去好感和信任）

情景解析

有的顾客逛家具店可能并没有明确的购买计划，而是抱着休闲、欣赏的目的去的；还有的顾客对购买什么样的家具心里并没有一个明确的概念。当这两类顾客在家具店里没有发现令自己心动的家具，而恰巧又赶上家具销售人员上前打招呼、挖掘需求时，他们就会发出“自己也不知道想买什么样的家具”的回应。

这类顾客最大的特点是还没有意识到自己的需求，所以家具销售人员一定要设法去“挑逗”顾客，慢慢梳理和挖掘顾客的需求，然后进一步提升他们的需求，激发他们的购买欲望。

家具销售人员首先要引导顾客说出其家居环境、需求类型等需求信息，然后根据顾客的描述以及自己的推测，向顾客推荐大致符合其条件的家具，但要注意语气不能太绝对，否则一旦推荐的家具不能令顾客满意，顾客便会对你失去信任感。

另外，由于这类顾客往往缺乏主见，在购买家具时从众心理比较严重，家具销售人员也可以将以前其他类似顾客的需求跟他们的需求进行对接，从而引导顾客的潜在需求。同时，家具销售人员还可以利用店庆优惠、节日促销等优惠条件进一步提升顾客的购买需求。

范例1

家具销售人员：“先生，您好！请问您想看看什么家具呢？我可以帮您介绍一下。”

顾客：“我也不知道自己想买什么样的家具！”

家具销售人员：“嗯，可能是您还没有看到中意的。刚才我看您在衣柜区停留了很久，您是不是想要衣柜啊？”

（引导顾客说出其需求信息）

顾客：“嗯。”

家具销售人员：“您能说一下您家的格局和装修风格吗？或许我能给您推荐一款合适的。”

（通过询问顾客的居住环境，判断其需求信息）

顾客："……"

家具销售人员："嗯，根据您的描述，我觉得这几款挺合适的，您觉得怎么样呢？"

（向顾客推荐大致符合其条件的家具）

顾客："嗯，看着还行。"

家具销售人员："对了，忘了跟您说，今天是我们店6周年店庆促销的最后一天，全场家具全部打7折，非常实惠，您不妨仔细选选，有中意的可以顺便带上。"

（向顾客介绍店铺优惠活动，引导和刺激顾客的潜在需求）

范例2

家具销售人员："先生，您好！请问您想看看什么家具呢？我可以帮您介绍一下。"

顾客："我也不知道自己想买什么样的家具！"

家具销售人员："这样啊，可能是您还没有看到中意的。刚才我看您在厨卫区停留了很久，您是不是想要厨卫家具啊？"

（引导顾客说出其需求信息）

顾客："嗯，我想看看橱柜。"

家具销售人员："您能说一下您家的装修面积和装修风格么？或许我能给您推荐一款合适的。"

（通过询问顾客的居住环境，判断其需求信息）

顾客："……"

家具销售人员："上次有位顾客和您家的情况差不多，他最后选中了这款橱柜，这款橱柜采用了……材质，它的优点在于……您看看，感觉如何？"

（根据这种顾客往往缺乏主见和容易从众的特点，利用其他顾客的成交案例提升顾客的需求和购买欲望）

情景 23

想了解顾客选购家具时对价位有什么要求

情景描述

顾客走进家具店的衣柜区，一边浏览一边小声嘀咕道：“看着还不错，就是不知道价钱怎么样。”

⊗ 错误应对

1.“请问您打算买什么价位的衣柜？”

（“买”对顾客来说是一个敏感字眼，会给顾客很大的心理压力，而且这种询问方式过于直接，让顾客很难作答，顾客如果想买便宜的家具时是很难启齿的）

2.“先生，那边是特价促销区，您要不要过去看看？”

（这种说法隐含着一种看不起顾客的味道——认为顾客买不起贵家具，会大大伤害顾客的自尊心）

3.“衣柜上有价签，您看哪款符合您的价位需求我就给您介绍一下。”

（这种表达方式对顾客缺乏礼貌和尊重，会让顾客觉得很不爽：难道只有符合我价位需求的衣柜你才给介绍，其他的就不给介绍了吗）

4.“请问您能接受什么价位的衣柜？”

（这种说法有看不起顾客、怀疑顾客经济实力的味道，顾客听了会觉得很不舒服）

情景解析

价格是顾客购买决策中一个非常重要的因素。因为经济条件和使用需求不同，每位顾客在选购家具时，都会有一个大致的心理价位。家具销售人员要想与顾客顺利成交，就要向顾客推荐尽量符合其心理价位的家具，否则成交的概率就会大打折扣（高于顾客的心理价格，有可能超越顾客的购买能力；低于顾客的心理价格，则有可能让顾客对家具的品质产生疑问）。因此，家具销售人员在向顾客推荐家具前，有必要先了解一下顾客的心理价位，进而向顾客推荐符合其需求的家具。

但是，对于大多数顾客来说，心理价位是一个比较敏感的话题，很多顾客都不愿直接告知家具销售人员自己的心理价位。因为顾客觉得如果暴露了自己的心理价位，就会失去价格上的主动权和讨价还价的余地，还有一些经济条件有限的顾客担心报出心理价位后会觉得寒酸、没面子。出于这些微妙心理，家具销售人员最好不要直接询问顾客需要什么价位的家具，否则不但不能挖掘到顾客的心理价位，还有可能中断顾客的购买热情和欲望。

但是，如果不知道顾客的心理价位，家具销售人员在向顾客介绍家具时又会非常盲目。为了解决这个矛盾，家具销售人员就要学会利用侧面探询的策略来了解顾客的心理价位，例如通过旁敲侧击地询问顾客对家具的材质和质量有没有特殊的要求、在多大的房子里使用、房子的装修格局和色调如何等，来揣摩顾客的心理价格。如果顾客对家具的材质、质量要求比较高，家具销售人员就给顾客介绍几款价格中高档的家具；如果要求不高，就给顾客介绍几款中低价位的。

此外，家具销售人员还可以通过观察顾客看家具价签时的反应，判断顾客的心理价位。如果家具没有标价签，家具销售人员还可以向顾客推荐不同价位的家具，并通过观察顾客的反应判断顾客的心理价位。

范例 1

家具销售人员：“先生，这边的衣柜稍贵一些，那边的价格稍低一些，不过两边的风格、款式都差不多，只不过这边的材质稍好一些，不知道您是放在多大的房子里使用呢？”

（通过向顾客介绍不同价位的家具，判断顾客的心理价位）

顾客：“放在8平方米左右的独立式衣帽间里。”

家具销售人员：“哦，那您还是选择这边的更合适一些，这边都是全实木的，尤其是这几款，是芬兰进口松木的。您看下它的色泽，保留了松木的天然本色，可以舒缓您的工作烦恼，让您尽情享受大自然的气息。而且您也知道，芬兰松生长在寒冷的环境下，生长过程缓慢，木质的稳定性非常好，所以您完全不必担心衣柜的稳定和平衡问题……”

（通过顾客的房屋面积可以推测，顾客的经济实力较强，对家具的质量要求较高，故而向顾客介绍价格中高档的家具）

范例2

家具销售人员：“您好，先生，由于我们店的衣柜款式比较多，为了节省您的时间，为您进行有针对性的介绍，我想问一下您对衣柜的质量有什么特殊要求吗？”

（询问顾客对家具质量的要求）

顾客：“倒是没什么特殊的要求，但是看起来一定要有档次，因为我是买来放在新房里的。”

家具销售人员：“放在新房里啊，那得要档次稍微高一点的，这样才显得有面子，您说呢？”

（通过顾客的回答可知，顾客对家具的质量要求较高，故向顾客介绍价格中高档的家具）

顾客：“嗯。”

家具销售人员：“先生，您过来看看，这几款既简约时尚又不失敦实厚重，挺适合在新房使用的……”

范例3

家具销售人员：“先生，我们店的衣柜款式比较多，如果一个一个为您介绍，肯定会耽误您的宝贵时间。不知道您这次看家具有没有什么特殊的要求呢？”

（询问顾客对家具是否有特殊要求）

顾客：“没有，越便宜越好，太贵的家具我也买不起呀！”

（从顾客的回答可以判断，顾客的经济实力比较一般）

家具销售人员：“嗯，您说得很对，买家具就应该理性一些，咱们普通老百姓买家具只是图一个实用，一套几千块钱的衣柜，一家三口用，既实用又实惠。您说对吧？”

（迎合顾客的心理，并主动提出一个大概的价位，看是否符合顾客的心理价位）

顾客：“就是嘛！”

（从顾客的回答可以看出，家具销售人员所提出的价位是比较符合顾客的心理价位的）

家具销售人员：“根据您的要求，我们店现在正好有几套衣柜比较适合您，都是实木的，在价格方面也比较实在，您跟我来，我带您过去看看！”

情景24

想了解顾客选购家具时注重哪些因素（品牌、质量、价位还是其他）

情景描述

顾客走进家具店后，直奔厨卫家具区域，他时而在各款家具间来回浏览，时而拿出尺子测量家具。

⊗ 错误应对

1.“先生，请问您买家具最看重什么因素呢，是材质、款式、颜色还是做工？”

（这种询问方式太过突兀，顾客正在一门心思、全神贯注地仔细挑选和比较家具，所以很可能对家具销售人员的提问一时反应不过来）

2.“我们这几款家具都挺不错的，您喜欢哪款可以告诉我，我给您详细介绍一下。”

（这种介绍方式过于简单、机械，不但无法了解顾客选购家具的重点考虑因素，而且丝毫勾不起顾客的购买兴趣）

3.“您都来来回回地挑了半天了，到底想买什么样的啊？”

（这种说法含有强烈的不耐烦口气，对顾客缺乏基本的礼貌和尊重，很容易引起顾客的不满）

情景解析

每位顾客在选购家具时都有一套自己的标准，比如有的顾客比较看重品牌和做工，有的顾客对材质和款式比较讲究，有的顾客比较看重家具的质量，还有的顾客因为经济条件的关系，比较看重家具的价格因素等。因此，家具销售人员在给顾客推荐家具之前，一定要先摸清楚顾客买家具的参考依据，即重点考虑哪些因素，是品牌、质量、款式、颜色、风格还是价格？各因素间的权重比例又如何？然后再有针对性地向顾客推荐和介绍，这样才能满足顾客的心理需求，提高推介的效率和销售的成功率。

如果家具店规模比较大，店内同类别的家具也比较多，家具销售人员在顾客进店时，就可以借机询问顾客选购家具更看重家具的哪些因素，以便及时将顾客引领至符合其需求的指定区域，这样能大大提高销售的效率。此外，家具销售人员还要学会做顾客的“购买顾问”，帮顾客分析各款家具的优劣及顾客更看重的因素，以帮助顾客做出购买决策。

不过，有时候顾客很可能还没有认真思考过这方面的问题，不知道该如何回答家具销售人员的提问，这时候家具销售人员要学会运用适当的话术引导顾客做出回答。比如，可以探询一下顾客居住的房子是什么环境、多大面积、是什么装修风格等，从中提炼出顾客买家具的关注重点，然后再根据顾客的关注重点进行有针对性的推介，从而激发顾客的购买欲望。

话术示范

范例 1

家具销售人员："美女，您可真有眼光啊！您看中的这几款梳妆台都挺不错的，您是不是都很喜欢，不知道该买哪款了？请您告诉我，您平时使用家具更注重哪些因素呢？是品牌、材质、款式、颜色还是其他方面？"

（先夸赞顾客有眼光，消除顾客的戒备、抵触心理，然后从帮助顾客分析、选择的角度，询问顾客选购家具的重点考虑因素）

范例 2

家具销售人员："先生，您真是有眼光，您看中的这几款橱柜卖得都挺好的！这款的外观设计更时尚、前卫一些；这款更传统、实用一些，而且比较耐脏；这款采用的是进口的玻璃材质，结实牢固，看着也比较前卫。请问您平时使用家具时，更看重这几个因素中的哪个方面呢？"

（先夸赞顾客有眼光，消除顾客的戒备、抵触心理，然后向顾客分析几款橱柜的各自优势，接着自然而然地询问顾客更看重哪个优势，这样一来，就把顾客对家具的比较转化为了对家具要素间的比较）

范例 3

家具销售人员："您好，欢迎光临 ×× 家具店，请问您想看看哪类家具呢？"

（先热情、礼貌地跟顾客打招呼，然后询问顾客要购买的家具种类）

顾客："我想买个办公桌。"

家具销售人员："哦，那您真是来着了！我们店的办公桌种类非常多，请问您更看重桌子的品牌、材质、款式还是颜色？请您告诉我一下，我好帮您推荐。"

（先向顾客强调店内有丰富的目标家具可供挑选，以便提升顾客的购

买欲望和信心，然后顺势询问顾客选购家具的看重因素。这种方法适用于家具店规模较大、店内同种类家具较多的情况）

顾客：“材质。”

家具销售人员：“嗯，一看就知道您是一个很有品位的人。材质好的办公桌虽然价格稍高一些，但无论质量、做工还是款式都能给人以安全感和舒适感，不管在什么场合使用都会觉得有档次。我们的办公桌分为三种材质，分别是……它们的优点分别是……”

（根据顾客看重的因素，有针对性地向顾客推荐和介绍）

情景 25

想了解顾客是不是购买决策者

情景描述

顾客到家具店看家具，但是言语之中很难判断他是不是购买家具的决策者。

⊗ 错误应对

1.“买家具的事您能做主吗？”

（这种询问方式太直接，显得没有礼貌，似乎带有看不起顾客的意思，而且在交易未进入谈判阶段前就这样问，可能让顾客怀疑你有什么不良企图）

2.“如果您看中了一套家具，还需要家里其他人来看吗？”

（这种询问方式看似有礼貌，实则是对顾客的一种不尊重，如果顾客比较敏感，可能会认为你看不起他，觉得他做不了主）

情景解析

买家具，尤其是大宗家具，通常是一笔不小的开支，因此大部分家庭对于买家具都持比较谨慎的态度，需要查阅各方面的资料，征求各方面的意见。因此，家具销售人员有必要了解一下前来看家具的顾客有无购买的决策权，并想办法探究谁才是购买决策权人，这样能大大提高销售的效率和成功率。当然，即便前来看家具的顾客不具备购买决策权，家具销售人员也要给予其充分的重视和尊重，因为他的意见很可能影响着决策者的购买行为。

家具销售人员要想了解前来看家具的顾客是否有购买决策权，千万不要直接询问，否则很容易让顾客产生戒备心理，而且可能伤害顾客的自尊心。最好的方法是采用一些迂回婉转的方式来旁敲侧击，比如“您还需要参考家人的意见吗”“您一个人过来，看来买家具的事是由您全权负责了吧”等，这样才有可能获得顾客的真实回答。如果顾客表示要和家人商量一下，那么家具销售人员可以邀请顾客带着家人一起来看家具，这样可以在很大程度上加速顾客的购买进程；如果顾客表示自己没有决策权，那么家具销售人员在沟通时要注意挖掘一下决策权人的相关信息，如职业、居住环境、家里的装修风格、购买家具的目的等，以便在决策权人前来看家具时能够进行有针对性的介绍。

话术示范

范例 1

家具销售人员：“先生，关于买家具的事情，您还需要参考家人的意见吗？”

（试探顾客有无购买决策权）

顾客：“当然需要了，买家具主要是给我太太用的，当然得征求她的意见啦！”

家具销售人员：“您这么为太太着想，真是一位体贴的好老公！您太太对家具有什么具体要求吗？您说出来我好为您推荐一些条件相当的。”

（通过赞美顾客赢得顾客的好感，同时了解决策人的购买需求）

顾客：“哦，她希望……”

家具销售人员：“哦，那这几套挺符合您太太的要求的，要不改天您和您太太一起过来看看。”

（邀请决策人一起来看家具）

范例2

家具销售人员：“先生，看得出来您对这套家具挺感兴趣的，要不我给您开单，您看如何？”

顾客：“不忙，我得先问问我朋友什么时候有空。”

家具销售人员：“问您朋友？难道不是您自己要买家具吗？”

（试探顾客有无购买家具的决策权）

顾客：“哦，我是帮我朋友来看家具的，我先帮他看几套符合他条件的，然后再由他自己决定。”

家具销售人员：“哦，原来是这样啊。那您的朋友一定非常信任您，买家具这么大的事情都让您帮忙。对了，您朋友是做什么工作的？他买家具是自己用吗？”

（挖掘决策者的相关信息）

顾客：“哦，他是做销售的，他现在租房子住，买家具买个简单实用的就行。”

家具销售人员：“哦，原来是这样啊，那您可真有眼光，您看中的这套家具，虽然样子不是很好看，但是非常实用，也非常结实。对了，您朋友这次打算买什么价位的家具呢？”

（先对顾客予以赞美和肯定，然后引导其透露有关决策者的更多信息）

情景 26

建议顾客试用家具，顾客却不愿意

情景描述

顾客在家具店内来回浏览，并且好几次停留在一款电脑桌前仔细观看，家具销售人员看到这种情形，上前邀请顾客坐下来试用一下，但是顾客却摇摇头说："算了，不用了！"

⊗ 错误应对

1."没关系，喜欢的话就试一下吧。"

（这是一种机械的表达方式，很多顾客都听得麻木了，而且这种说法会给顾客一种消极的暗示，顾客试用之后，即使原本有买的心，也可能会因为这个暗示的影响而不再购买）

2."您如果不喜欢这款，可以找一款您喜欢的试用。"

（这种轻易放弃的做法容易让家具销售人员错失成交的机会，因为顾客很可能真对眼前的家具有兴趣，只是出于礼貌和不好意思，才拒绝了家具销售人员的试用邀请）

3."这边这款也很不错，要不您试一下这款。"

（这种推介方式具有很大的盲目性，很难取得预期的推介效果，正确的做法是先了解顾客的购买需求和偏好，然后再引导顾客试用）

4."您不试一下怎么知道效果如何呢？"

（这种说法有责怪顾客的意思，会让顾客觉得很不舒服）

情景解析

心理学研究表明，顾客对听到的事情能记住10%，对看到的事情能记住50%，而对亲身体验的事情却能记住90%。因此，家具销售人员不仅要把家具的卖点介绍给顾客听，更要积极引导、鼓励顾客亲自试用，这样才能最大限度地激发顾客对家具的兴趣，刺激顾客的购买欲望。

如果顾客不愿试用或拒绝家具销售人员的试用邀请，通常是因为家具还没有引起顾客足够的兴趣，或者顾客心里存在某些顾虑：害怕试用后不买没面子，不知道价格而不敢试用，不知该试用哪一款等。面对这种情况，家具销售人员首先要找出顾客不愿试用的原因，以消除顾客的顾虑和担心，然后向顾客介绍家具的卖点和特色，让顾客对家具有一个充分的了解，并采取各种富有激情的邀请语言，积极地邀请顾客亲自动手触摸家具、体验家具的使用效果，同时向顾客传达“只有经过试用才能挑选到适合的家具”的理念。等顾客的兴趣被勾起来后，再顺势邀请顾客试用，这样往往更容易得到顾客的积极响应。

此外，家具销售人员在邀请顾客试用时还要注意以下几点：

专业自信，给出理由

建议顾客试用一定要有信心，家具销售人员要用自己的专业知识为顾客提供最贴切的建议，这样才能获得顾客的信任，并且在建议顾客试用时，要运用适当兴奋的语言来推动顾客，用充分、合理的理由让顾客产生一定要亲自试一下的欲望和冲动。

巧用肢体，积极引导

当顾客对试用表现出犹豫不决时，家具销售人员可以运用肢体动作来引导、鼓励顾客，比如邀请试用的手势引导、拿过座位让顾客坐下感受家具的效果、打开家具的门或拉开家具的抽屉让顾客触摸等。

缓解压力，学会坚持

为了缓解顾客的压力，家具销售人员可以告诉顾客“买不买都没关系”，从而鼓励顾客试用。在遇到顾客的拒绝后，家具销售人员不要轻言放弃，而应该事先想好再度邀请顾客试用的理由，并再次邀请顾客试用。

真诚探询，重新推荐

虽然说建议试用要学会坚持，但也绝不可盲目坚持，当两次建议试用都遭到顾客拒绝时，家具销售人员就不要进行第三次建议了，否则很容易让顾客产生压力、不耐烦甚至反感情绪。此时，家具销售人员应该通过真诚的探询来了解顾客的真实需求，并重新为顾客做推荐。

范例1

家具销售人员："美女，您真是有眼光！这款电脑桌是我们的最新款，卖得非常好！我觉得按照您刚才所描述的家居环境，再配上这款电脑桌，一定能起到锦上添花的效果。而且这款电脑桌是纯实木的，既结实稳固又时尚大方，环保性也非常好，来，您可以摸一下，手感很好吧？您再闻一闻，一股天然的木香，没有任何刺激性气味……"

（首先赞美顾客有眼光，然后向顾客介绍家具的卖点，并引导顾客触摸、体验家具）

顾客："嗯，还不错。"

家具销售人员："您要是能试用一下，会感觉更好的！来，美女，给您椅子。"

（用专业自信的口吻建议顾客试用，并主动提供座位引导顾客试用）

顾客："算了，不用了。"

家具销售人员："美女，电脑桌摆在这儿根本看不出效果来，效果到底如何只有亲自试用一下才能体会出来。美女，其实您买不买真的没关系，请坐……"

（遇到顾客拒绝时不要轻易放弃，要继续自信地给顾客提供试用的理由，并再次发出试用邀请）

范例2

家具销售人员："姐，您真有眼光！这款电脑桌是目前最流行的款式，每天都要卖出去十几件呢！而且它采用了纯实木材质和意大利烤漆工艺，非常受像您这样的高端家庭欢迎。我相信用上后肯定能博得亲朋好友的一片喝彩！当然，光我说好不行，电脑桌是您用，您自己觉得好才是最重要的。来，姐，给您椅子，您坐下来试试效果。”

（先赞美顾客有眼光，然后用兴奋的语调营造家具热销的氛围，同时向顾客介绍家具的优点，并引导顾客试用体验）

顾客：“算了，我只是随便看看，不试了。”

家具销售人员：“姐，我觉得您还是试一下好，因为每款电脑桌的风格和款式都不一样，只有试了才知道合不合适。您买不买真的没关系，我们不会强买强卖的！来，姐，您请坐……”

（先给顾客一个试用的理由，同时用“买不买都没关系”缓解顾客的压力，然后再次邀请顾客试用）

顾客站在原地不动。

家具销售人员：“姐，您今天买不买这个电脑桌真的没关系，我是真的想为您服务好。请问是不是我刚才的介绍有什么问题，还是您根本不喜欢这个款式呢？您不妨告诉我，这样也方便我为您推荐。”

（真诚、礼貌地征询顾客的意见和看法，挖掘顾客的真实需求，为再次推荐做准备）

情景 27

顾客说“我今天只是先看看，不着急买”

情景描述

顾客想购买一套衣柜，但是在听完家具销售人员的推介后，似乎购买的欲望并不是很强烈："我今天只是先看看，暂时不着急买。"

⊗ 错误应对

1."赶快买吧，衣柜的价格一直在涨，越拖越不划算。"

（这种以价格上涨要挟顾客立即购买的说法，并不足以提升顾客的购买需求）

2."既然您不着急买，那就等等再说吧。"

（很多时候，顾客的需求是要靠家具销售人员去激发的，否则成交的概率会大打折扣。这种说法不仅没有从正面激发顾客的购买需求，而且有向顾客下逐客令的味道，很容易导致顾客的流失）

3."那您先随便看看，我去招呼一下其他客人。"

（这是一种目光短浅的表现——现在不买不代表将来不买。有的家具销售人员认为顾客现在没有成交欲望，再热情接待也是浪费时间，于是便对顾客冷淡下来，殊不知，这样会损害家具品牌在顾客心目中的印象，甚至导致顾客的彻底流失）

4."我们的衣柜有很多款式，您要是不满意可以再看看其他款啊。"

（这种说法很难取得预期的效果，家具销售人员应该先了解顾客对家具不满意的具体原因，然后再进行有针对性的推介）

情景解析

当家具销售人员把准了顾客的核心需求，并为顾客匹配了几套比较合适的家具时，虽然顾客心里会产生一定的购买兴趣和欲望，但是出于以下几种情况，仍然会表现出购买欲望不强的倾向：顾客尚不清楚或尚未发掘自己的具体需求，或者在琳琅满目的家具面前看花了眼；顾客对家具销售人员推荐的家具还算满意，但仍然想多方考察、比较一番。

无论顾客是出于上述何种原因提出"不着急购买"，家具销售人员都要设法对顾客的需求进行升温和升级，否则顾客的兴趣和欲望就会很快熄灭。那么，家具销售人员该如何升温顾客的购买需求呢？

探询原因

首先，家具销售人员要探询顾客现在不想购买的真正原因所在，以便接下来采取针对性的措施引导顾客购买，比如：“先生，请问您为什么现在不着急购买呢？是不是还有什么顾虑？”

紧扣需求

在探明顾客不想现在购买的原因后，家具销售人员接下来要设法了解顾客目前的家具使用状况。对顾客的现状了解得越全面、越深入、越透彻，就越能把握住顾客的不满和期望，进而把握住顾客的核心需求。这个核心需求就是顾客最大的“软肋”，只要家具销售人员紧紧扣住顾客的核心需求，就能有力地将顾客“控制”住。

放大痛苦

顾客的购买欲望和购买行为，通常都是源于对现有家具的不满，并且希望能够尽快更换新家具。也就是说，旧家具就是顾客心头的一块“伤疤”，只要一触及这块“伤疤”，顾客就会非常痛苦。因此，家具销售人员在听到顾客对旧家具发出不满和牢骚时，不妨趁机“添油加醋”一番，将顾客的不满和痛苦放大，从而刺激顾客做出购买决策。

阐明利益

在放大顾客的痛苦和不满后，家具销售人员要趁热打铁，向顾客阐明现在购家具的利益和好处——不仅能消除顾客对家具的不满，扫除顾客的痛苦，还能让顾客拥有一个更舒适、更实用、更称心如意的家具和居住环境。为了增强吸引力和说服力，家具销售人员还可以为顾客描绘一下购买新家具后的美好生活情境，让顾客向往不已。

升温需求

接着，家具销售人员要趁机向顾客暗施压力，告诉顾客自家家具的优势和卖点，比如材质好、款式时尚、环保性好、现在有优惠等，促使顾客下决心购买，如果不购买又得重新面对“使用旧家具”的痛苦。顾客听了这些以后，心中自然会多出几分紧迫感和压力感。在这种情况下，家具销售人员再向顾客抛出合适的家具，通常能大大提升顾客的购买欲望，促使他们做出购买决定。

后续跟踪

家具销售人员经过一番努力后，如果依然无法让顾客做出购买决定，那么也不要轻易放弃顾客，而应该留下顾客的联系方式，以便做好后续的跟踪。比如："没关系，先生，您的情况我非常理解，要不这样吧，我把我的电话留给您，您有什么问题和需要可以随时联系我。对了，您方便留下您的联系方式吗？"

顾客："我今天只是先看看，暂时不着急买。"

家具销售人员："先生，请问您为什么暂时不着急购买呢？是不是还有什么顾虑？"

（探询顾客现在不想购买的原因所在）

顾客："我家里现在还有一套旧衣柜可以凑合着用。"

家具销售人员："先生，这么说您是不想再用以前的旧衣柜了，所以打算买一套新的，是吗？"

（确认顾客的核心需求）

顾客："是的，我原来那套旧衣柜空间太小，而且有的地方都开裂了！"

家具销售人员："先生，您的感受我非常理解。不瞒您说，我现在也是用的旧衣柜，虽然能凑合着用，但是每次找衣服都得翻个遍，有很多衣服都放不进去，一些贵衣服放在里面都窝出了褶儿，我自己倒是没什么，就是我老婆成天抱怨我，虽然她嘴上没有要求换新的，但是我知道她内心深处多么渴望有一个崭新、像样的衣柜啊！"

（紧扣现状，用同理心放大顾客的痛苦）

顾客："是啊，我现在就是这样的情况，每次翻找衣服翻个乱七八糟，或者买了新衣服无处可放时，我都要忍受妻子的抱怨和幽怨的眼神。唉，这种感觉真是不好受啊！"

家具销售人员：“先生，您现在总算快熬出来了，只要把新衣柜买下来，你们一家就可以拥有一个大衣柜了，到时候您和您的妻子就不用再为那个旧衣柜闹别扭、发愁了。而且我们的衣柜都是时下最流行的款式，材质基本都是全实木的，非常结实耐用，十几年下去也不会出现您说的开裂问题，用着既方便、舒心又安全、放心。”

（抓住顾客需求，阐明买家具的利益和好处）

顾客：“嗯。”

家具销售人员：“您要是今天就要，我就给您推荐一款既实用又实惠的，这款衣柜最近卖得非常好，很多人都抢着要呢，厂家因为供货紧张，正准备涨价呢。所以您一定要尽早下手。一旦错过了，可能需要多花不少钱呢！”

（用家具的紧俏性给顾客施加压力，升温顾客的购买需求）

顾客：“没事，我还是再等等吧。”

家具销售人员：“没关系，先生，您的情况我非常理解，要不这样吧，我把我的电话留给您，您有什么问题和需要可以随时联系我。对了，您方便留下您的联系方式吗？”

（留下顾客的联系方式，以便做好后续的跟踪）

第三章

卖价值而不仅仅是卖家具
——产品解说情景训练

家具销售人员最重要、最基本的功课，就是将符合顾客需求的家具推荐、介绍给顾客，让顾客心甘情愿地掏钱购买，这个过程就是家具推介。家具推介是最能刺激顾客采取实质性购买行为的关键环节。在这个过程中，家具销售人员不但要把最符合顾客需求、最能激发顾客购买欲望的家具卖点介绍给顾客，还要引导顾客进行看、触、用等体验，并启发顾客发现家具的优点和价值，以促进顾客做出购买决策。

情景 28

顾客说“你们卖得最好的家具有哪些啊？帮我推荐一下”

情景描述

顾客进店后，向家具销售人员问道：“你们卖得最好的家具有哪些啊？帮我推荐一下。”

⊗ 错误应对

1.“这款是我们店卖得最好的，您可以看一下。”

（这是一种很常见的回答方式，但是却容易造成顾客悔单的情况——顾客听了你的推荐把家具买回去以后，家人或亲朋好友一旦提出异议，顾客就有可能反悔，并对家具店产生负面印象：这家家具店真坑人，销售人员竟然为了把家具卖给我，故意把不好的说成好的）

2.“这个我也说不好，关键看您自己喜欢什么样的了。”

（顾客之所以这么问，说明他没有明确的购买目标或者挑花了眼，需要家具销售人员给自己提供一些意见参考和帮助，如果家具销售人员无法给他一些意见或建议，他不仅会因无所适从而放弃购买，而且会因此对家具销售人员的专业素养产生质疑）

情景解析

顾客在选购家具的过程中，之所以会要求家具销售人员帮自己推荐，可能是因为顾客没有明确的购买目标，也可能是因为面对琳琅满目的家具一下子看花了眼。

对于这样的顾客，家具销售人员不要急于向他们进行推荐和介绍，而应该先对顾客的需求情况做一个明确的界定，力争让自己的推荐有的放矢。具体来说，家具销售人员可以通过顾问式的提问梳理顾客的思路和消费需求，比如询问顾客“大概的预算是多少”“喜欢什么款式和颜色”“房间面积有多大”“家具平时几个人用”等；也可以探询顾客有没有特别看中的款，以尽量缩小推荐的范围。

待基本摸清顾客的消费需求后，家具销售人员再根据顾客的实际需求，向顾客进行相应的推荐和介绍，并且说出相应的推荐理由，比如：“按照您刚才的描述，我觉得这款家具可能比较适合您，因为它的款式……颜色……材质……”

最后，家具销售人员别忘了把最终的决策权交还给顾客，因为顾客才是家具的购买者和使用者。比如：“当然，这些只是我个人的建议，关键还得看您自己的喜好和需要，您不妨考虑一下再做决定！”

范例 1

顾客：“你们卖得最好的家具有哪些啊？帮我推荐一下。”

家具销售人员：“先生，请问您的购买预算大概是多少？”

（通过询问预算帮顾客梳理消费需求）

顾客：“7000 左右吧。”

家具销售人员：“请问您打算在多大的房间里使用？”

（通过询问使用环境帮顾客梳理消费需求）

顾客：“25 平方米左右。”

家具销售人员：“这款家具您打算几个人使用呢？”

（通过询问使用人数帮顾客梳理消费需求）

顾客：“我和我老婆、儿子三个人。”

家具销售人员：“那请问您平时喜欢什么款式和颜色呢？”

（通过询问款式和颜色帮顾客梳理消费需求）

顾客："款式尽量简单、大方一些，颜色最好是深一点的。"

家具销售人员："先生，按照您刚才的描述，我觉得这款家具可能比较适合您的需求，因为它的款式……颜色……材质……当然，这些只是我个人的建议，关键还得看您自己的喜好与需要，您不妨考虑一下再做决定！"

（根据顾客的实际需求进行推荐和介绍，并给出相应的推荐理由，最后把决策权交还给顾客）

范例2

顾客："你们卖得最好的家具有哪些啊？要不你帮我推荐一款吧。"

家具销售人员："先生，请问您在刚才所看的家具里面，有没有特别看中的几款呢？"

（探询顾客是否有特别看中的款，以尽量缩小推荐的范围）

顾客："我感觉好像都差不多，不过这几款看着还可以。"

家具销售人员"请问您买家具打算几个人使用呢？"

（通过顾问式提问帮顾客梳理消费需求，缩小推荐的范围）

顾客："我和我父母、老婆、儿子五个人。"

家具销售人员："根据您刚才所描述的情况，我建议您购买这款，因为您家人比较多，这款的容量相对较大，最关键的是它的性价比比较高。当然，这只是我个人的建议，关键还得看您自己的喜好和需要，您不妨考虑一下再做决定！"

（根据顾客的实际需求进行推荐和介绍，并给出相应的推荐理由，最后把决策权交还给顾客）

情景 29

家具销售人员在向顾客介绍家具时，顾客显得心不在焉

情景描述

家具销售人员在向顾客介绍家具时，顾客显得心不在焉，只是偶尔“哦、哦”地敷衍几句。

⊗ 错误应对

1. 对顾客的反应不管不顾，继续按自己的思路说下去。

（这种自说自话的做法，不但无法及时了解顾客的想法、留意顾客反馈的信息，而且会让顾客觉得乏味，甚至使顾客关闭沟通的渠道，听不进你的解说）

2. 既然顾客没兴趣听，索性停止解说。

（这是一种极端消极的做法，家具销售人员应该先了解一下顾客心不在焉的原因，然后再设法让自己的解说更能吸引顾客的兴趣）

情景解析

家具销售人员在向顾客介绍家具的过程中，经常会碰到顾客心不在焉的情况。顾客之所会出现这种情况，可能是因为家具销售人员所介绍的不是他最关心的，或者顾客不太习惯家具销售人员的沟通方式。当然，也有可能是顾客的个人原因导致的，比如他突然有急事着急去办等。所以，家具销售人员一定要懂得察言观色，及时调整自己的沟通节奏和策略。

面对顾客的心不在焉，家具销售人员首先要暂停介绍，然后探询一下

顾客的真实意愿，比如："先生，刚才我已经把我们的家具向您做了一个简单介绍，您看是否符合您的要求？"如果顾客表示不感兴趣，那么你就要想办法了解清楚顾客的购买需求，比如："先生，不好意思，看来我没有完全理解您的需求，那么请问一下，您喜欢什么类型的家具呢？"然后顾客需要什么就介绍什么，顾客关注什么就介绍什么，例如，顾客买家具是为了在婚房里使用，那么家具销售人员就要把家具的大气、美观、时尚作为介绍的重点。只有确保自己的介绍符合顾客的需求，才能最大限度地激发顾客的兴趣和欲望。

其次，家具销售人员要分析一下向顾客推介的家具有什么独特优势，它能给顾客带来哪些利益和好处。因为对顾客来说，他表面上购买的是家具，实质上购买的是家具背后的利益和好处，只有明白了这套家具能带给自己什么利益和好处，顾客才有可能对其产生兴趣和购买意向。

家具销售人员在向顾客介绍家具的利益和好处时，最好的方法是运用"情景描述法"，即通过生动、形象的语言描述，将顾客带入未来的生活情景中，让顾客真切、深刻地体会到购买家具后给他未来生活带来的诸多好处。需要注意的是，家具销售人员在运用"情景描述法"时，不能只顾着滔滔不绝地向顾客介绍，而应该通过适时的发问让顾客参与到自己的介绍中来，因为只有不断地和顾客互动，让顾客多说多讲，家具销售人员才能更好地了解顾客的想法，引导顾客的思维。

如果顾客表现出紧张、着急的神情，那么你不妨问一下顾客是否有什么要紧的事情要办，如果顾客真的有事，那你就要急顾客之所急，留下顾客的联系方式，以便对顾客进行跟踪，并在适当的时候邀请顾客再次过来。

范例1

家具销售人员："先生，刚才我已经把我们的沙发向您做了一个简单的介绍，您看是否符合您的要求？"

（暂停介绍，然后探询顾客的真实意愿）

顾客："好像不太合适。"

家具销售人员："先生，那我想请问一下，您对目前使用的沙发有什么不满意呢？"

（通过询问顾客目前的家具使用状况了解顾客的购买需求）

顾客："我现在使用的是一套又老又旧的沙发，我嫌它过时了，不适合在新房里使用。"

家具销售人员："原来是这样啊，先生，您看这套沙发，是专门为新房设计的，您看它的材质……再看它的款式……显得非常大气、时尚。到时候您和您的爱人每天下了班，坐在沙发上边聊天边看电视，这样的生活多惬意啊！"

（根据顾客的需求，运用"情景描述法"介绍家具的优势和好处）

顾客："嗯。"

家具销售人员："而且这款沙发最近买的人很多，预定的人也不少，我们这个月已经卖出去几百套了……"

（利用家具的紧俏性提升顾客的购买欲望）

范例2

家具销售人员："先生，刚才我已经把我们的沙发向您做了一个简单的介绍，您看是否符合您的要求？"

（暂停介绍，然后探询顾客的真实意愿）

顾客："好像不太合适。"

家具销售人员："先生，那请问您现在使用的沙发怎么样？"

（询问顾客目前的家具使用状况，为下面的推荐和介绍做准备）

顾客："还可以，就是表面的材质不太好，是人造革的，显得很没档次。"

家具销售人员："哦，原来如此，怪不得您要换呢。像您这样讲究生活品位的男士，的确应该选一款材质好一点的沙发。您看这款沙发，内部框架采用优质实木打造，坚固耐用，承重力强，健康环保；接触面采用的是优质头层牛皮，真皮纤维组织紧密，耐磨抗撕拉，皮质光滑细嫩，大气、时尚同时又不失稳重。而且我们还赠送您集储物、茶托等功能于一体的功能边几，让您自由享受私人定制般的舒适。这样的沙发放在您的客厅里，不仅能给您和家人一方舒适自在的空间，而且能美化您的家庭环境，凸显您的生活品质。如果有亲友来做客，显得多有面子啊！”

（针对顾客的需求，运用“情景描述法”介绍家具的优势和好处）

顾客：“嗯，看着还行。”

（顾客的应答显得非常简单，同时脸上表现出很着急的神情）

家具销售人员：“先生，我看您显得挺着急的，是不是有什么要紧的事要办啊？”

顾客：“哦，我家里有点急事。”

家具销售人员：“那您留一下您的联系方式，赶紧回家办事要紧。等您忙完了再过来。”

（留下顾客的联系方式，以便对顾客进行跟踪）

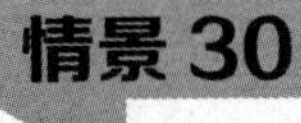

顾客听家具销售人员介绍了几款家具后，不置可否

情景描述

家具销售人员热情洋溢、滔滔不绝地向顾客介绍了几款家具后，顾客没有表态，脸上也没有露出任何表情，不知是满意还是不满意。

⊗ 错误应对

1.“我刚才给您介绍的这几款家具怎么样啊？您喜不喜欢好歹说句话嘛！”

（顾客听完介绍不置可否，通常有两种可能：一是他对你介绍的家具不感兴趣，二是他心里正在盘算和犹豫哪款更合适。而这种说法有催促顾客尽快拿主意、做决定的嫌疑，很容易欲速则不达）

2.“如果您不满意，咱们还可以看看其他款。”

（在没有了解到顾客的需求点之前就盲目向顾客推荐介绍，很难引起顾客的购买兴趣）

3.“给您介绍了这么多，您难道就没有一款中意的吗？”

（这种说法隐含着对顾客的抱怨和不满，很容易得到顾客的否定性回答）

4.“家具我已经给您介绍完了，接下来咱们来谈谈价格吧。”

（这是一种自我欺骗的做法，因为顾客很有可能根本没听懂你的介绍，你也没有把家具的优点和卖点与顾客的需求结合起来，在这种情况下跟顾客谈价格，成交的概率几乎为零）

5.“我刚才的介绍您是不是没有听明白啊？那我再给您介绍一遍吧，这几款家具……”

（这种自说自话的做法很难取得预期的推介效果，因为销售是一种互动式的沟通，家具销售人员应该先设法了解顾客的需求，以激发顾客的兴趣和积极性，而非单向地向顾客介绍家具产品）

情景解析

对家具销售人员来说，最头疼的不是顾客看完家具后对家具不满意，而是顾客看完家具后不言不语、不露心迹，他们对家具是什么态度、对什么样的家具感兴趣、抗拒点在哪里，家具销售人员都很难把握。在这种情况下，如果家具销售人员不设法摸清顾客的真实想法和态度，让顾客把心里话说出来，那么销售工作将很难进行下去。那么，家具销售人员怎样才能让顾客道出自己的真实心声呢？

用设问引导顾客想法

遇到什么也不说的顾客，最常用的办法就是通过设置问题，引导顾客说出心里真实的想法。例如："您看完家具后什么也没说，一定有原因，我能问一下是什么原因吗？""这套家具哪方面能满足您的要求，哪方面还不能使您满意，您能谈谈个人的看法吗？"不喜欢或不敢向顾客提问，是家具销售人员缺乏自信和销售技巧的表现，不但无法让顾客与你互动起来，同时也无法摸清顾客的真实需求。

用赞美挖掘顾客信息

人都喜欢被赞美，家具销售人员在了解顾客的真实想法和态度时，不妨多给顾客一些赞美，多给顾客戴戴高帽，顾客一高兴，就很容易把心里的想法说出来了。例如："× 先生，我干这行时间还不长，资历浅、经验少。而您远远近近的家具肯定看了不少，很多问题我觉得您看得比我还专业，您能跟我聊聊您对这套家具的看法吗？也好让我长长经验。"

用刺激试探顾客反应

很多顾客之所以不露心迹，在很大程度上是因为缺少外界刺激，如果有竞争买家出现，或者家具销售人员推介了更好的家具，那么他们往往会暴露出自己的真实意向。因此，当家具销售人员拿不准顾客是什么态度时，不妨给顾客一点刺激，比如告诉顾客有其他顾客也看中了这款家具，并且不日就要来取货，或者在看完家具后，向顾客再推荐其他的家具，以试探顾客的反应。

用幽默捅破顾客担忧

有些顾客之所以不愿说出自己的想法和态度，很可能是因为怕伤了家具销售人员的面子和感受，或者担心说出实话来会影响双方的关系。在这种情况下，家具销售人员不妨主动一点，直率一点，幽默一点，捅破顾客的顾虑和担心。只要顾虑不在了，顾客自然会把心里话说出来。例如："× 先生，我知道，您之所以不愿说出对这套家具的看法，是怕伤了我的面子和感受。其实您根本不用有这种顾虑和担心，我们做销售的每天都跟顾客打交道，心理素质早就锻炼得刀枪不入啦！我真的很想听听您的真实想法，您就直说吧，没关系的。”

用诚心换取顾客真言

其实，技巧再高明，赞美再动听，也比不上一颗诚挚的心。如果家具销售人员能够敞开心胸，跟顾客推心置腹地说上几句实心话，顾客也不好意思不吐露真心话。例如：“× 先生，看完家具，您还一句话都没说呢。跟您说实话，我这心里现在跟装了只兔子似的，七上八下的。我真的很想听听您的真实想法，如果您对这套家具不中意，那也没关系，我可以再帮您推荐新的家具。”

范例 1

家具销售人员：“先生，您觉得这套家具怎么样？”

顾客：“哦……”

（顾客对家具销售人员的问话不置可否）

家具销售人员：“先生，看得出来您对这套家具挺喜欢的，但您似乎还有点犹豫，我能问一下是什么原因吗？”

（通过设问引导顾客说出真实想法）

顾客：“我觉得这套家具还可以，但是我同时也比较喜欢 ×× 家具店的另一套家具，这两套家具差不多，我正在考虑哪一套更合适。”

家具销售人员：“您的做法我非常理解，买家具毕竟是一件大事，慎重一点是应该的。那您能说说这套家具哪些方面还不能令您满意吗？”

（先对顾客的做法表示理解和肯定，然后引导顾客说出对家具的看法）

顾客：“我觉得……”

范例 2

家具销售人员：“先生，我刚才给您介绍的这套家具，您觉得怎么样？”

顾客：“哦……”

家具销售人员："先生，我干这行时间还不长，资历浅、经验少。而您远远近近的家具肯定看了不少，很多问题我觉得您看得比我还专业，您能跟我聊聊您对这套家具的看法吗？也好让我长长经验。"

（通过赞美试探顾客对家具的感受）

顾客："哪里，其实我也没看过多少家具。"

家具销售人员："先生，我听得出来，您看出了一些问题，只不过您顾及我的面子，所以不愿意告诉我。其实您大可以放心，我们每天都给顾客介绍家具，顾客看不中的时候居多，要是顾客每看一套家具都满意的话，那我们早就发财了！您说是不是？"

（用幽默捅破顾客的顾虑和担忧）

顾客："呵呵，你说得对。"

家具销售人员："所以呀，您要是觉得这套家具哪里不满意，完全可以放心地告诉我。知道了您的意思，我也好为您寻找更合适的家具，您说是吧？"

（推心置腹，引导顾客说出不满之处）

顾客："嗯，那我就直说了。我觉得……"

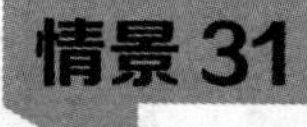

顾客说"这套家具不怎么样，我不是很喜欢"

情景描述

家具销售人员向顾客推介完家具后，问顾客感觉如何，顾客说："这套家具不怎么样，我不是很喜欢。"

⊗ 错误应对

1.“这套家具多好啊，您怎么会不喜欢呢？”

（这种说法有讽刺顾客“好赖不分”的味道，不仅难以化解顾客的异议，而且可能引发顾客的不满）

2.“既然您不喜欢，那咱们再看看别的吧。”

（家具销售人员应该先了解一下顾客不喜欢的原因，这样才能了解顾客的需求点，以便进行有针对性的推介，否则只能徒劳无功）

3.“既然您不喜欢，那就算了。”

（这是一种消极应对方式，做销售势必要面对顾客的异议，一听到异议就打退堂鼓，永远也做不好销售）

情景解析

当家具销售人员询问顾客对家具的感觉时，很多顾客会脱口而出“不怎么样”。遇到这种情况时，家具销售人员首先应该了解一下顾客提出这种异议的原因，即顾客到底为什么会说这套家具“不怎么样”，然后再想办法应对顾客的异议。因为在与家具销售人员洽谈时，顾客出于某些利益方面的考虑，很可能不愿说出他的真实想法或意见，有时候甚至会提出一个假异议来搪塞家具销售人员。如果家具销售人员不搞清楚顾客真实的异议是什么，而只是根据顾客口头上的异议来处理，那么就会像“竹篮打水”一样——忙活了半天最后的结果却是一场空。

话术示范

范例 1

家具销售人员：“先生，您觉得这套家具怎么样？”

顾客：“不怎么样，我不是很满意。”

家具销售人员：“哦，那您觉得哪些方面不太满意呢？”

（了解顾客提出异议的原因）

顾客：“我感觉颜色不太合适，和我们家的装修风格不太搭。”

家具销售人员："先生，这个问题您完全不用担心，我们这款家具有多种颜色，这些颜色基本能满足各种房屋的家居环境和装潢风格。您可以简单介绍一下您家的装修效果吗？"

（根据顾客说出的原因化解顾客的异议）

顾客："哦，就算是换了颜色，我还是觉得不太合适。"

家具销售人员："除了颜色问题外，您还有什么顾虑呢？能不能跟我说说，我们一起看看什么样的家具更适合您？"

（继续了解顾客提出异议的原因）

顾客："这套家具材质有点不理想，显得没有档次。"

家具销售人员："哦，那您能告诉我您喜欢什么材质的吗？"

顾客："起码得是进口白橡木的。"

家具销售人员："哦，进口白橡木材质的我们也有不少款，我现在带您去看一下。"

（根据顾客的需求推荐相匹配的家具）

范例2

家具销售人员："先生，您觉得这套家具怎么样？"

顾客："我觉得不怎么样，我不太喜欢。"

家具销售人员："请问您哪方面不太满意呢？能跟我具体说说吗？"

（了解顾客提出异议的原因）

顾客："上星期我去××家具店看过一款类似的家具，样子和这套差不多，价钱比这款便宜多了。"

家具销售人员："是的，××家具店的家具的确有不少款式和我们的相似，价钱也比我们的低。不过他们的家具主要面向的是普通工薪阶层，以板式家具居多，为的是普通工薪族都能消费得起。而我们的家具主要面向的是像您这样的高端人士，家具的材质基本全是天然纯实木，比如水曲柳、榆木、榉木等国产木材的，还有核桃木、桃花芯木、橡木等欧美进口木材的，能让顾客享受一种天然的奢华和高贵气息。就看您在什么地方使用了。"

（先对顾客的观点表示认同，然后介绍自己产品与竞争品牌的异同点，并询问顾客的需求点）

顾客："这套家具我只是在出租的房子里给租客用的，实用、简单一点就行。"

家具销售人员："哦，原来如此。您说的这种家具我们这里也有，只是不是我们的主打产品，请您跟我来……您看，就是这种仿实木家具。这些家具虽然是实木和人造板两种材质混用的，但是从外观上看，木材的自然纹理、手感及色泽都和实木家具一模一样，而且这些家具只有侧板顶、底、搁板等部件用的是薄木贴面的刨花板或中密度纤维板，门和抽屉采用的都是实木，从实用性和耐用性来说，要比板式家具强得多，而且价格也不贵，性价比非常高。"

（根据顾客的需求推介相匹配的家具）

情景 32

顾客说"你们卖家具的都把自己说得天花乱坠，谁知道你们说的是真是假"

情景描述

顾客听完家具销售人员的介绍后，不以为然地说："你们卖家具的都把自己说得天花乱坠，谁知道你们说的是真是假！"

⊗ 错误应对

1. "您怎么能这么说呢！别人说的可能是假的，我说的可都是真话、实话。"

（这种说法有责怪顾客的味道，同时有诋毁竞争对手的嫌疑，不但难以赢得顾客的信任，而且会让顾客觉得没面子）

2. “既然您非要这么说，我也没办法，信不信随便您吧。”

（这种说法表面看似很无奈，实际上隐含着指责顾客不可理喻的味道，会让顾客感觉很没面子）

3. “当然是真的，我们的家具真的是 ×× 材质 / 工艺的。”

（这种说法有急于辩解的味道，会让顾客觉得你是因为心虚才这么说的）

情景解析

由于职业道德和商业诚信的缺失，有个别的家具销售人员为了自己的销售业绩，可能会连哄带骗地将一些本不适合顾客的家具推销给顾客，事后又对顾客的投诉采取敷衍塞责、推卸责任的态度，久而久之，就导致很多顾客对家具销售人员的推荐产生了不信任感。在这种情况下，家具销售人员要想成功将家具卖给顾客，最重要的就是恢复顾客对自己的信任感。

当顾客对家具销售人员的推荐提出质疑或不信任时，家具销售人员首先要对顾客的想法表示理解和认同，然后再真诚、委婉、将心比心地将自己的观点告诉顾客，并尽量用事实说服顾客，这些事实可以是家具店的经营时间、规模、售后服务和信誉，也可以是家具本身的质量、做工等卖点。

这就要求家具销售人员在销售过程中有意识地积累一些可以证明家具质量过硬的证据、资料等，以便有效地说服顾客。比如：把一些有影响力的 VIP 顾客整理成名册，如果有可能，最好与顾客一起拍个照，以备不时之需；把顾客安装家具前后的情形拍成对比照，注明什么小区、什么单元、什么产品，然后做成一份“见证实录”；向顾客出示一些家具店的相关证明，如荣誉证书、报纸报道、样品图库、专家证词、权威机构证明、鉴定证书等；多记住几个老顾客的姓名、住址、购买的家具品类，在顾客有疑虑时用老顾客作说服案例等。这些都能在很大程度上增强顾客对家具品牌的信任感。

当顾客表现出动摇或认可的迹象时，家具销售人员要及时抓住机会，积极引导顾客试用和成交。

范例 1

顾客：“你们卖家具的，谁不说自己的家具好呢！谁知道你们的话里有多大水分啊！”

家具销售人员：“先生，您有这种顾虑我非常理解，您说的这种情况确实在某种程度上存在。不过请您放心，我们家具店已经在这里经营了四五年了，而且在全国各个城市都有分店。您看，这是我们的荣誉证书和鉴定证书，还有 ×× 报纸对我们的报道。我们的生意之所以能不断做大、做强，主要是靠像您这样的顾客给我们信赖和支持。如果我们拿自己的商业诚信去冒险，随意忽悠顾客、欺瞒顾客，那我们岂不是因小失大吗？您说呢？”

（首先对顾客的顾虑表示认同，以消除顾客的抵触心理，接着向顾客强调家具店的经营时间、规模和信誉，并向顾客出示相关证明，以打消顾客的疑虑）

顾客：“呵呵，那倒是。”

家具销售人员：“所以先生，您在我们这里买家具完全可以放一百二十个心，我也相信我们的可靠品质一定能赢得您的信任。”

范例 2

顾客：“你们卖家具的都把自己说得天花乱坠，谁知道你们说的是真是假！”

家具销售人员：“姐，您有这种担心我非常理解，很多顾客包括我自己在内，都曾经有过像您一样的想法。不过话又说回来，在我们店买家具您完全不用有这种顾虑，一是我们的家具在质量上绝对是一流的，在款式上也是领先于市场潮流的，这一点您试过以后就知道了；二是我作为卖家具的人，这个店刚开业时就在这儿卖家具了，到现在已经有四五年了，如果这里的家具不好，我早就到别的店去了，又怎么会干到现在呢！您说是吧？”

（先对顾客的顾虑表示理解和认同，然后用家具的质量、款式等卖点以及自己的工作经历消除顾客的疑虑）

顾客：“嗯。”

家具销售人员：“姐，相信您也看得出来，我们的家具采用的是……材质和……工艺，它的特点主要是……上个月 ×× 小区的 ×× 就安装了我们的一整套橱柜，包括地柜、吊柜、台面及洗涤槽、五金配件等。她觉得我们的橱柜材质非常结实，做工非常细腻，款式也很个性时尚！当然了，光我嘴上说好没用，是不是真的好还得您亲自试用一下才知道。来，姐，您这边请！”

（用老顾客作说服案例，增强顾客对家具品牌的信任感，并引导顾客试用体验）

情景 33

顾客说“你们店的家具总是这几款，也没什么新样式”

情景描述

顾客在家具店内转了一圈后，有些失望地对家具销售人员说：“你们店的家具款式怎么这么少啊，总是这几款，也没什么新样式！”

⊗ 错误应对

1.“很多新款式都卖光了，再过几天就有新货到了。”

（这属于一种消极应对方式，等于承认了顾客的观点，会进一步降低顾客选购的兴趣和热情，很多顾客会接话说：“那等新品来了我再来看吧！”）

2.“怎么会少呢，我们的家具款式是非常全的！”

（这种说法有责怪顾客“睁着眼睛说瞎话”的味道，会让顾客心里觉得很不舒服；当然，如果真如顾客所说，家具店的家具款式非常少，那么就是家具销售人员自己在睁着眼睛说瞎话，这会给顾客一种不可靠、不可信的感觉）

3.“这么多种样式您还嫌少啊！”

（这种说法具有很强的攻击性和挑衅性，很容易招致顾客的不满和反感）

4.“不是我们的家具款式少，而是我们的展厅太小了，很多款式都没摆放出来。”

（这种说法会让顾客怀疑家具店的规模和实力，不然展厅怎么会这么小）

5.“我们的家具都是经典款，所以显得比较少。”

（这种说法有点答非所问，很难消除顾客的异议，因为顾客就是希望款式多一些，可以多一点选择的空间）

情景解析

顾客看问题往往具有放大镜效应，喜欢将小问题放大为大问题。当他们看到家具店的家具款式较少时，很容易联想到家具店规模小、经营不善、生意冷淡等负面因素。因此，当顾客抱怨家具款式太少时，家具销售人员一定要认真、妥善地应对和处理。只要引导得当、处理得法，顾客的异议就能变成一个非常好的销售机会。

面对顾客类似的异议，家具销售人员首先要给足顾客面子，勇敢地承认顾客的说法，同时对顾客提出的意见表示真诚的感谢，并以此为突破口向顾客强化“家具虽少，但样样是精品”的理念。在这个过程中，家具销售人员一定要注意语言婉转、含蓄一点，态度柔和、亲切一点，不要让顾客觉得没面子，否则即使您说的再有理，顾客也不会买账。其次，家具销售人员要及时将话题的焦点转移到家具的优势和卖点上来，并想办法探询顾客真实的心理需求，然后根据顾客的需求向顾客推介相应的家具产品。

话术示范

范例1

顾客：“你们店的家具款式也太少了吧，总是这么几款，感觉都没什么可买的！”

家具销售人员：“先生，您真是个细心的人，我也很理解您的想法。家具属于生活耐用品，很多年才购买一次，作为顾客当然希望多一点选择的空间。我们摆出来的家具样品虽然不是很多，但是每一件都是我们老板精心挑选的精品款式，每一件都有自己的特色、感觉和韵味，能够满足不同类型装修风格的需要。请问您打算看什么家具？我给您介绍一下吧。”

（首先对顾客的说法表示认可，然后以此为突破口强化家具“样样是精品”的观念，并顺势探询顾客的购买需求）

顾客：“我想看看橱柜。”

家具销售人员：“先生，请问您喜欢什么款式/材质/颜色的呢？”

（继续探询顾客的购买需求）

顾客：“……”

家具销售人员：“按照您刚才的描述，我觉得有两款比较合适。来，先生，这边请，我给您介绍一下，您看看合不合适……”

（根据顾客的需求进行推荐和介绍）

范例2

顾客：“你们店的家具款式怎么这么少啊，总是这几款，也没什么新样式！”

家具销售人员："嗯，姐，您说得很有道理，我们店的家具款式确实不多，不过这正是我们店的经营特色，因为我们老板比较喜欢有特色的家具，上货时也是秉着宁缺毋滥的原则，每款家具几乎都是独版，您把我们的家具放在家里，保证不会和别人家的重样。对了姐，请问您今天想看看什么家具？"

（首先对顾客的说法表示认可，然后以此为突破口强化家具"样样是精品"的观念，并顺势探询顾客的购买需求）

顾客："我想看看橱柜。"

家具销售人员："姐，请问您喜欢什么款式／材质／颜色的呢？"

（继续探询顾客的购买需求）

范例3

顾客："你们店的家具款式怎么这么少啊，总是这几款，也没什么新样式！"

家具销售人员："先生，您真是个细心的顾客，非常感谢您提出的宝贵意见，我会尽快把您的意见反馈给公司领导的。其实很多顾客第一次来我们店都有像您这样的感觉，不过经我们介绍之后总能找到适合自己的家具。请问您今天想看哪方面的家具呢？"

（首先承认顾客的说法，同时对顾客的意见表示感谢，然后用其他顾客的例子给予顾客购买的信心，并引导顾客说出自己的购买需求）

顾客："我想看看橱柜。"

家具销售人员："先生，请问您喜欢什么款式／材质／颜色的呢？"

（继续探询顾客的购买需求）

情景 34

家具明明很好，可是顾客却看不出好来

情景描述

家具销售人员推介给顾客的家具明明很不错，可是顾客却看不出好来："你说你们的家具这么好那么好，怎么我就看不出来呢？"

⊗ 错误应对

1."您也太挑剔了吧，这么好的家具您还觉得不好？"

（这种回答的言外之意是批评顾客没眼光，顾客听到这样赤裸裸的批驳，心里肯定会产生不满和反感）

2."既然您觉得不好，那我带您去看看别的吧。"

（这是一种消极做法，在带顾客看家具时，家具销售人员一定要把家具的卖点和好处一一推介给顾客，否则带顾客看再多的家具，也不一定能打动顾客）

3."好家具是要用心去体验的，您买回去慢慢使用一段时间，就能感觉出好来了。"

（这是一种典型的推销语言，没有拿出任何证据来证明家具好，所以对顾客来说没有任何说服力可言）

4."很多顾客都觉得这款家具不错啊，您怎么会觉得不好呢？"

（这种回答比较空洞，而且隐含着一股与顾客强辩的味道，要想让这种说法具有真正的说服力，家具销售人员最好加上一些具体顾客的名字作为证据）

情景解析

在向顾客推介家具的过程中，很多家具销售人员常常陷入一个误区，认为自己推荐得越好、介绍得越精彩，顾客的购买欲望就会越强，其实不然，因为当家具销售人员向顾客说“我们家具的甲醛含量仅为 ××”“我们采用的是 ×× 技术”等类似的语言时，顾客对这些空口白话感受并不会很深，因为他们没有切身使用体验过。所以家具销售人员要设法让顾客亲自试用体验所推介的家具，让顾客通过听觉、嗅觉、触觉、感觉等多重感官，对家具有一个良好的综合体验。

在顾客体验的过程中，家具销售人员最好再巧妙穿插一些技术、工艺、品质、做工等方面的讲解，这样效果会更好。比如：“来，您闻闻，没什么刺激性气味吧？那是因为我们采用了……环保材料和……技术工艺”“您担心这种玻璃的硬度不够是吗？来，您上去踩一下，对，用力踩！很结实吧？因为我们采用了……钢化技术……和制作工艺……”等。

除了介绍和引导顾客体验家具的特点和优点外，还要着重为顾客分析一下，家具的这些特点和优点能给他带来哪些利益和好处，即要把家具的特点和优点转化成顾客的利益和好处。比如，家具的优点是材质好，家具销售人员在介绍时就要把材质的好处说出来，比如能让顾客多使用很多年，用着环保、安全、安心，显得生活有品位和档次等。如果顾客体会不到买这套家具能给自己带来什么利益和好处，那么再好的家具也无法打动顾客的心。

话术示范

范例 1

家具销售人员：“先生，您觉得这套家具怎么样？”

顾客：“不怎么样，不就是松木的吗？没什么特别的。”

家具销售人员：“是的，先生，很多顾客看到这款家具后，第一反应都和您一样，觉得没什么特别的。其实不然，这款家具的材质并不是普通松木的，而是北欧芬兰松木的，这种松木做出来的家具不仅结实耐用，而且时尚、美观。每天使用这样的家具，不仅安全、放心，而且能让您心情舒畅。”

（向顾客介绍家具材质的利益和好处）

顾客：“怎么个结实耐用、安全放心法？”

家具销售人员：“因为这种松木生长周期缓慢，木质坚硬，木材纹理细腻，不仅比普通国产松木结实，使用寿命也长好几倍，而且它表面采用的是环保漆，环保等级属于E0级，所以说使用起来结实又放心，安全又环保。”

（向顾客解释能给顾客带来利益和好处的理由）

顾客：“哦，原来如此。”

范例2

家具销售人员：“先生，您觉得这套家具怎么样？”

顾客：“不怎么样，感觉没什么特别的。”

家具销售人员：“先生，相信您也知道，我们每天都要和家具亲密接触，所以它的环保性非常重要。来，您闻一下，看看它有什么刺鼻的气味吗？”

（引导顾客用嗅觉对家具进行体验）

顾客：“嗯，没什么刺鼻的气味。”

家具销售人员：“没有吧，那是因为我们采用了……环保材料和……技术工艺，而且这项技术我们已经申请了专利。”

（在顾客体验的过程中，巧妙穿插材质、技术、工艺等方面的讲解）

顾客：“嗯。”

家具销售人员：“先生，我们这款家具拆装也非常方便，来，我给您演示一下怎么把门拆下来，然后再装上去……来，您自己拆装一下……怎么样？是不是觉得拆装很简便啊，那是因为我们采用了……技术。”

（引导顾客用亲自操作体验家具的便捷性，并巧妙穿插技术、工艺等方面的讲解）

顾客：“嗯，不错。”

家具销售人员："来，先生，您再摸一下它的漆面，是不是手感很好，感觉很平滑？那是因为我们采用了……烤漆工艺。"

（引导顾客用触觉体验家具的优越性，并巧妙穿插技术、工艺等方面的讲解）

顾客："嗯，不错。"

情景 35

顾客一连看了好几款家具都不满意

情景描述

顾客打算买一套家具，家具销售人员询问了一下顾客的大致要求，然后向顾客推荐了几款和顾客要求相当的，但是顾客一连看了好几款都不满意，不是嫌价格太贵了，就是嫌款式太旧或材质太差了。

⊗ 错误应对

1. "您这个也不满意，那个也说不好，到底想要什么样的啊？"

（这种说法语气中带着强烈的不耐烦，对顾客缺乏礼貌和尊重，很容易引起顾客的不满）

2. "这几款家具卖得都挺好的，您为什么就不满意呢？"

（这种说法没有站在顾客的角度去想问题，卖得好的不一定是顾客想要的。正确的做法是先了解顾客的需求，然后把家具的卖点与顾客的需求联系起来）

3. "那我再带您看看其他的，您看有没有满意的。"

（这种做法很难取得理想的推介效果，家具销售人员应该先了解顾客

不满意的原因，然后再根据顾客所需向顾客推荐）

4.“没有顾客像您这么挑剔的，看了这么多难道就没有一套合您的心意？”

（这种说法含有抱怨、责备顾客的味道，不仅会影响双方的进一步沟通，而且容易引发顾客的不满）

5.“您对家具一点都不懂，所以才会觉得这个也不好，那个也不满意。”

（这种说法有讽刺顾客不懂装懂的嫌疑，很容易引发顾客的不满，导致顾客的流失）

情景解析

顾客在选购家具的过程中，之所以会出现一连看了多件都不满意的情况，主要有以下几种原因：顾客缺乏对家具知识的了解或初次购买缺乏经验；顾客的性格比较挑剔；顾客为了显示自己很专业或获得最大限度的价格优惠，所以故意对家具百般挑剔；顾客有明确的购买需求，并且脑海里有一套理想的选购标准，而家具销售人员所带看和推介的家具不符合其购买需求和选购标准；家具销售人员的服务态度、推销技巧等引起了顾客的抵触、反感心理。

不管是出于何种原因，家具销售人员都要做到“不急不恼、不卑不亢”，尽量保持平和、友好、愉悦的态度，主动、坦诚、耐心地与顾客交流、沟通，询问顾客不满意的原因，以及到底想买什么样的家具，有时候甚至可以通过虚心请教的方式，了解顾客真正的购买需求，然后为其推荐合适的家具。在这个过程中，家具销售人员一定要注意热情、礼貌、耐心，因为顾客本来就因为长时间找不到适合自己的家具而心里烦着呢，如果这时候家具销售人员的话语或肢体语言里带有丝毫不礼貌或不耐烦的味道，比如变得不爱答理顾客、面无表情或面露不悦、把头扭向一边、话语明显减少等，都有可能引起顾客的不满，导致销售的中断。

如果顾客对家具实在不满意，家具销售人员也不能轻易放弃顾客，而应该在认真、礼貌地对待顾客的基础上，采取“将欲取之，必先放之”的方法，尽最大努力与顾客沟通，让顾客了解家具产品的优点和卖点，确保顾客对家具产品有一个深刻的印象，以增加顾客的回头率。

话术示范

范例 1

家具销售人员：“姐，真是不好意思，看了这么多都没找到您喜欢的家具，冒昧地问一句，您能不能告诉我，刚才咱们看的那些款，您具体对哪些方面不太满意呢？是材质、做工、款式、颜色还是价格？”

（先对顾客表示诚恳的歉意，然后询问顾客不满意的原因，挖掘顾客真正的购买需求）

顾客：“没有看到我喜欢的颜色。”

家具销售人员：“姐，其实家具的颜色单看一件是看不出效果来的，需要您成套地试用体验一下，才能知道喜不喜欢、合不合适。来，姐，我把这一套摆在一起，您坐下来体验一下，看看效果如何？”

（引导顾客试用体验）

范例 2

家具销售人员：“先生，据我观察，你肯定是一位非常讲究生活品质的人！像您这样的高端男士，一般的家具肯定是看不上的。能否冒昧地问一句，您对刚才这些家具哪里不满意呢？是做工、材质、款式还是其他的方面？”

（先对赞美顾客，然后询问顾客不满意的原因）

顾客：“我觉得材质不太满意。”

家具销售人员：“那您心目中理想的家具材质是怎样的呢？”

（挖掘顾客真正的购买需求）

顾客：“结实耐用，而又显得高端、大气！”

家具销售人员：“嗯，您说的很对，男士选家具就应该以您说的这两点为标准。其实我们这边有几款挺符合您的要求的。来，先生，这边请，您买不买没关系，可以先看看效果。”

（根据顾客的需求，向顾客进行推荐）

范例 3

顾客：“这款家具款式不太好看，这款颜色有点暗，这款材质不太理想，而且做工太粗糙了，这款价钱有点高……”

（顾客一直在“挑刺”）

家具销售人员：“那您再看看这几款，我给您简单介绍一下……”

（不急不躁，一直礼貌、耐心、热情地与顾客沟通，向顾客介绍家具的优点和卖点）

顾客：“不好不好，没有一款是我喜欢的。”

（经过 10 多分钟的沟通，顾客依然没有找到满意的家具）

家具销售人员：“要不这样吧，先生，我们店附近还有几家其他品牌的家具店，您可以先去逛逛，多了解一下，也好做个比较，如果到时您觉得还是我们店的更合适，欢迎您再回来。”

（采取“将欲取之，必先放之”的方法，热情、礼貌地送客，并且比平时更热情，以期增加顾客的回头率）

第四章

化解顾客的担心和疑虑
——产品异议应对情景训练

顾客在看家具、选家具、试用体验家具的过程中，心里常常会产生一些不明白、不认同、有疑问、有顾虑的地方，这就是对产品的异议。俗话说：“嫌货才是买货人”，当顾客以谨慎、挑剔甚至吹毛求疵的方式对家具提出这样或那样的不满或异议时，恰恰表明他们对家具产生了一定的好感和购买意向。所以，家具销售人员必须学会正确地对待顾客的产品异议，恰当地处理和化解顾客的产品异议，这样才能消除顾客的顾虑，增强顾客的购买信心，最终促成交易。

情景36

顾客说“你们这个牌子我以前没有听说过”

情景描述

听完家具销售人员的介绍后，顾客有些疑虑地说：“你们这个牌子是新出来的吧？我以前怎么从来没有听说过。”

⊗ 错误应对

1.“怎么会没听说过呢，我们是老品牌了，在家具行业很出名的，在全国各地都有连锁店！”

（这种说法有嘲笑顾客孤陋寡闻的意思：“这么出名的老品牌您竟然都不知道！”顾客听到你这么说，很容易心生不悦）

2.“我们在很多媒体上都做过广告，您怎么会没听说过呢？”

（这种说法无异于砸自己的牌子，会让顾客觉得家具店的品牌有问题，不然怎么做了那么多广告都没有效果呢？）

3.“我们的家具确实是新牌子，现在正处于市场开拓时期，还请您多多支持。”

（这种说法不但难以赢得顾客的信任，而且可能导致顾客的流失：“新牌子不知道质量有没有保证，我还是别冒这个险了！”）

4.“我们品牌在国际上很有影响力，家具远销海内外呢！”

（这种说法吹嘘、浮夸的成分很大，会给顾客一种假、大、空的感觉，很难消除顾客的疑虑）

情景解析

品牌是家具质量、做工、款式、价格、服务等多种因素的综合体现，是大多数顾客选购家具的最重要依据，也是影响顾客购买行为的最重要因素之一。

当顾客对品牌的知名度提出异议时，其背后投射的信息是对家具店品牌以及家具销售人员的不信任。在这种情况下，家具销售人员千万不要因顾客的质疑而急于与顾客辩驳，也不要太过"诚实"而显得缺乏自信、底气不足。

面对顾客对家具品牌的质疑，家具销售人员首先要对顾客的想法表示理解和认同，尽量缓和、消除顾客的抵触心理；然后要向顾客解释自己的品牌知名度不高的原因。通过这种得体、巧妙的回答，往往能迅速赢得顾客的认同感。

其次，家具销售人员要用简洁、自信的语言向顾客介绍自己的品牌，及时将话题转到家具的优点和卖点上去，并尽量用具体的事实去打动顾客，以建立顾客对家具品牌的信任感。一旦顾客对你的推介表现出认可和满意的态度，就迅速转入引导试用阶段。

范例 1

顾客："你们这个牌子是新出来的吧，我以前怎么没有听说过啊？"

家具销售人员："哦，是嘛！这都怪我们广告宣传没做到位，不过没关系，今天您正好来了，可以好好了解一下我们的品牌和家具的卓越品质。来，姐，我帮您简单介绍一下……"

（先从自我批评的角度向顾客解释品牌知名度不高的原因，然后自信、简洁地向顾客介绍自己的品牌及家具的卖点）

顾客："嗯，听你的介绍倒是不错。"

家具销售人员："谢谢夸奖。对了，姐，您今天打算看哪方面的家具呢？"

顾客："我想看看盥洗用具。"

家具销售人员："姐，那您真是来着了，虽然我们的家具是新品牌，但有很多款产品都卖得非常好。就拿这款 ×× 来说吧，它是聘请 ×× 国的著名设计师设计的，非常人性化，尤其是它的 ×× 设计，×× 颜色，×× 风格，一经上市，就受到了广大顾客的青睐和欢迎。哦，对了，我们还有几款盥洗用品正在做活动。您可以看看，来，您这边请……"

（根据顾客的需求向顾客进行推荐和介绍，并引导顾客试用体验）

范例 2

顾客："你们这个牌子是新出来的吧，我以前怎么没有听说过啊？"

家具销售人员："呵呵，先生真是好眼力啊，一看就知道您是经常逛家具市场的行家。其实我们品牌做的时间也不短了，在北京、上海、广州等大城市都有连锁店，只不过进入这个地区的市场时间还不长，所以还请您以后多多指教和捧场啊！我们品牌的主要风格和特色是……对了先生，您今天打算看哪方面的家具呢？"

（先赞美顾客见多识广，然后简要向顾客解释自己品牌知名度不高的原因，同时向顾客介绍自己品牌的特点和优势）

顾客："我想看看双人床。"

家具销售人员："先生，那您真是来着了。由于在本地正处在市场开拓期，所以我们推出了很多优惠产品，比如这几款双人床，采用的 ×× 材质，×× 工艺，但目前可以打到 ×× 折……"

（根据顾客的需求，向顾客介绍家具的优点和卖点）

范例 3

顾客："你们这个牌子是新出来的吧，我以前怎么没有听说过啊？"

家具销售人员："先生，您有这样的顾虑我非常理解，很多顾客在第一次到我们店买家具时也提出过这样的问题。我们的确是一个新牌子，刚刚进入这个城市不久，不过正因为我们是新牌子，需要树立良好的信誉、形象和口碑，所以我们非常重视家具的质量和为顾客提供的服务，只有这样，我们才能赢得顾客的信赖和支持，我们的品牌才能不断发展壮大，你说是吧？”

（大胆向顾客承认自己是新牌子，然后向顾客解释新牌子重视家具质量和服务的必要性，以赢得顾客的信任感）

顾客：“嗯。”

家具销售人员：“现在家具品牌这么多，要想在众多品牌中选一个质量好，并且又让自己满意的家具确实不容易。不过根据我们公司售后服务部门的统计，很多顾客在购买了我们的家具之后，对我们的家具都非常认可，至今还没有出现过一例投诉，这是对我们家具质量和服务的最大肯定，说明我们的家具质量是可靠的，服务是值得顾客信赖的。您说对吧？”

（用事实证据打动顾客，证明自己品牌的优越性）

情景 37

顾客说“你们的家具质量很一般，做工也不怎么好，比不上 ×× 牌子的”

情景描述

顾客逛着逛着，突然在一款家具前停了下来，只见他一边摸着家具，一边在那里若有所思。当家具销售人员上前打招呼时，他却说：“你们的家具质量很一般，做工也不怎么好，比不上 ×× 牌子的。”

⊗ 错误应对

1.“我们的家具跟 ×× 牌子的差不多，而且价钱比他们便宜。”

（这种说法过于简单、笼统，没有向顾客介绍出本店家具优于竞争对手的独特卖点，很难消除顾客的异议）

2.“我们正在改进我们的家具质量和做工/就因为我们的家具不如人家，所以才卖这么便宜啊。”

（这种说法是家具销售人员对自己的家具缺乏信心的表现，会进一步加剧顾客对家具品牌的质疑和不满）

3.“××牌子就是广告打得多而已，家具质量也就一般吧，他们的很多顾客现在都来我们店买家具呢！”

（这种贬损竞争对手、抬高自己的说法，是家具销售人员缺乏职业道德的表现，不但难以增强顾客的购买信心，反而可能降低顾客的购买热情）

4.“呵呵，各有各的特色，看个人喜好吧！”

（这种回答方式过于简单、机械，对顾客来说没有多大的吸引力和说服力）

5.“不好意思，我不太了解您说的那个牌子。”

（这种应对方式是家具销售人员缺乏专业素养的表现，顾客听到你这么说，会觉得你很不专业，从而对你和家具品牌失去信任感）

情景解析

当顾客将竞争品牌的家具与你的品牌相提并论时，其实正是家具销售人员展示自己专业化并赢得顾客信赖和好感的关键时刻。因此，面对顾客类似的异议，家具销售人员一定要谨慎处理和应对。

具体来说，家具销售人员可以从以下两方面对顾客进行引导和说服：

肯定顾客所提及的品牌

通常情况下，顾客对品牌的忠诚度是比较高的。因此，家具销售人员首先要对顾客正在使用或提及的竞争品牌进行肯定和赞美，以缓和顾客的抵触心理，赢得顾客的好感和信任，吸引顾客继续听自己的讲述和介绍。

强调品牌的差异性

在对竞争品牌进行肯定和赞美后，家具销售人员要及时转换话锋，向顾客解释自己品牌与竞争品牌的差异点，重点将自己品牌的特色和优势向顾客介绍、展示出来，并尽量将品牌的优点与顾客的需求结合起来，最后不要忘了引导顾客对家具进行试用体验，以最大限度地刺激顾客的购买兴趣和欲望。

需要注意的是，家具销售人员千万不要对顾客提及的竞争品牌进行诋毁和贬损，如果自己的品牌确实优于竞争品牌，那根本无需通过贬低他人来证明自己好；如果竞争品牌优于自己的品牌，那就更不能去贬低人家了，因为你在贬低人家的同时也贬低了自己在顾客心目中的形象，顾客会因此对你的职业道德产生质疑，从而大大降低销售的成功率。

加强产品知识的学习和培训

为了使自己的推介工作更专业、更到位，家具销售人员还应该加强产品知识方面的学习和培训，充分了解自家产品和竞争对手的产品。只有对“敌我双方”的产品了如指掌，才能在推介时有的放矢，以己之长攻彼之短，增强推介的说服力。

范例 1

顾客：“你们的家具质量很一般，做工也不怎么好，比不上 ×× 牌子的。”

家具销售人员：“先生，您真是有眼光，×× 牌子的家具确实挺不错的。我们的品牌和他们相比，其实只是各有各的特色，主要还要看您喜欢什么风格、款式，说得简单一点就是哪个更适合您的问题。请问您平时使用家具是比较注重款式还是材质？”

（先对顾客和竞争品牌进行赞美，以赢得顾客的好感，拉近与顾客的距离，然后引导顾客说出自己的购买偏好）

顾客：“我比较看重材质。”

家具销售人员：“如果是这样，我认为我们的品牌特别适合您的个性化需求，因为我们的家具采用了……材质，这种材质的特点是……前几天我接待了一位顾客，结果不到 1 小时他就定购了 1 万多元的家具，您知道他为什么一下子就买了这么多家具吗？”

（根据顾客的购买偏好介绍家具的特点和卖点，并用其他顾客的案例勾起顾客的好奇心）

顾客：“不知道。为什么？”

家具销售人员：“因为他3年前结婚时在我们这里购买了一套家具，他在这套家具的使用过程中，对我们家具的品质和售后服务都非常满意。”

（用其他顾客的满意度消除顾客的疑虑，提升顾客的购买信心）

顾客：“哦。”

家具销售人员：“当然，光靠我嘴上说您肯定不会信，家具一定要亲自试用体验一下才能知道效果。来，先生，您请坐下试试！”

（引导顾客试用体验）

范例2

顾客：“你们的家具质量很一般，做工也不怎么好，比不上××牌子的。”

家具销售人员：“先生，您的眼光真好，××牌子的家具确实挺不错的。冒昧地问一句，您最喜欢××牌子的哪些方面呢？”

（先对竞争品牌给予肯定和赞美，然后从侧面探询顾客购买家具看重的因素，以便找到说服顾客的支点）

顾客：“我喜欢它的款式不错，价格也实惠。”

家具销售人员：“先生，很多顾客一开始也和您一样，对××家具赞不绝口，可是当他们了解了我们的家具并进行对比后，大都选择了我们的品牌，您知道这是为什么吗？”

（以其他顾客做例证，并引导顾客了解自己的品牌优势）

顾客：“不知道。”

家具销售人员：“我们的家具其实在款式方面和××家具相似，而且我们的家具……据相关部门统计，每天在全国约有500多个家庭购买我们的家具，目前使用我们家具的家庭已经超过4万家了。”

（向顾客详细介绍自己品牌的优点和卖点，并利用形象、感性的数据，

提升顾客的购买兴趣）

范例 3

顾客：“你们的家具质量很一般，做工也不怎么好，比不上 ×× 牌子的。”

家具销售人员：“先生，看来您对用家具很有研究啊！ ×× 是个相当不错的牌子，也是我们一直研习的对象。对了，先生，您觉得 ×× 牌子最吸引您的地方是什么呢？”

（先对顾客和竞争品牌进行赞美，以赢得顾客的好感和信任，然后向顾客探询其所关注的竞争品牌的优点）

顾客：“我觉得他们的家具做工非常精细，而且款式设计比较人性化，还有就是……”

家具销售人员：“嗯，您说的这几点确实对顾客有很大的吸引力，其实我们也一直在从这几个方面努力完善我们的家具，有很多顾客买完我们的家具后，都对我们交口称赞呢，只是您以前可能没怎么关注我们。今天您正好过来了，可以趁此机会多了解一下我们的品牌。”

（向顾客所说的优点靠拢，吸引顾客了解自己的品牌）

情景 38

顾客说“你们只是挂个国际知名牌子，根本不是真正的名牌”

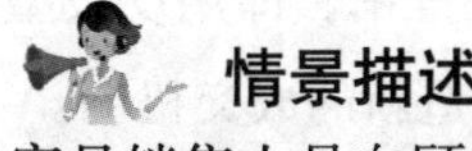

情景描述

家具销售人员向顾客介绍说：“我们的家具是国际知名品牌。”顾客听了很不以为然："什么国际知名品牌？据我所知，很多家具企业都说自己是国际知名品牌，但其实都是国内的，只是挂个国际知名牌子而已。"

⊗ 错误应对

1. "呵呵，我只是个卖家具的，牌子是真是假我就不知道了。"

（这种说法有敷衍顾客之嫌，不但无法消除顾客的异议，反而可能使顾客的异议进一步加深：你是卖家具的，都不知道牌子的真假，那我们顾客就更不能相信你们了）

2. "先生，请您不懂行就不要乱说，否则会影响我们声誉的。"

（这种说法有暗讽顾客不懂装懂和无理取闹的味道，很容易引发顾客的不满）

3. "我们的家具真的是国际品牌，我们的家具原料 / 工艺都是从外国进口的。"

（这是一种机械、苍白的回应方式，很容易让顾客觉得你是因为心虚而强辩，对消除顾客的异议起不到多大作用）

4. "既然您不相信我们，那您去买真正的名牌吧。"

（这种说法带有赌气的味道，并且有驱逐顾客的嫌疑，相当于主动放弃了销售的机会）

5. "我们是和 ×× 国际品牌合资的。"

（这种说法过于简单、直白，而且缺乏相应的证据，对顾客没有什么说服力和可信度，很难消除顾客的异议）

情景解析

当顾客对家具品牌的真实性提出质疑时，家具销售人员一定要保持冷静和耐性，千万不要因为顾客质疑自己的品牌，就表现出不耐烦、急躁的态度或其他的不良情绪，更不要试图去与顾客辩解、对抗。面对顾客类似的质疑或异议，最有效的应对方式就是运用反驳式推销，即用反驳型语言纠正顾客的认知，重塑顾客对品牌的信心，由此创造新的成交机会。

家具销售人员要想成功运用反驳式推销，首先要对顾客的想法予以理解和认同，同时赞美顾客，以消除顾客的抵触心理，赢得顾客的好感，要避免无理无据、无情无节地一味贬低顾客的想法和价值观，更不要对顾客进行人格的攻击，否则很容易招致顾客的不满，导致销售机会的丧失。

其次要有理有据、立场鲜明地向顾客解释和强调自己品牌的真实性，并通过引导顾客试用体验消除顾客的疑虑。在这个过程中，家具销售人员要注意，一定要掌握好反驳式话语的时机和分寸，不能操之过急，无论顾客说的话多不中听，都要让顾客把话说完，不要抢话或中途打断顾客，更不能让顾客有强词夺理的感觉，否则很容易把反驳式推销变成反驳式辩论，不利于赢得顾客的信任和销售的达成。

范例1

顾客："据我所知，你们这些家具企业大多只是挂个国际知名牌子而已，根本不是真正的名牌。"

家具销售人员："先生，看来您在家具方面是个行家呀，刚才您所说的情况在家具行业确实存在，而且市场上有不少家具企业采用这种方式欺骗消费者。不过请您放心，我们公司确实是与意大利知名品牌——××公司合资的品牌，我们的设计师和公司高管都是从意大利聘请的，这一点您仔细感受一下我们家具的质量、做工和设计风格就能体会出来。来先生，您不妨摸摸这款衣柜感受一下。"

（先赞美顾客，并对顾客的观点予以认同，然后向顾客强调自己品牌的真实性，并用引导顾客试用体验消除顾客的疑虑）

范例2

顾客："据我所知，你们这些家具企业大多只是挂个国际知名牌子而已，根本不是真正的名牌。"

家具销售人员："嗯，先生，您的顾虑我太理解和认同了！现在市场上确实有一些品牌是靠贴牌来欺骗顾客，我上次去买××品牌的电器就被骗了，确实挺气人的，也难怪您这么说。不过请您放心，我们的家具虽然不是纯进口的，但是与法国知名品牌——×× 公司合作的，我们从上个世纪 90 年代就开始与 ×× 公司合作了，这一点在网上就能查到，而且我们的家具在做工、设计风格、制造工艺和服务等方面，都是以 ×× 公司为标准的。您看一下这套衣柜，就能感觉出它与国内其他同类产品是有很大差别的……"

（先对顾客的观点予以理解和认同，然后向顾客强调自己品牌的真实性，并用引导顾客试用体验来消除顾客的疑虑）

情景 39

顾客说"这款家具的材质很一般"

情景描述

家具销售人员向顾客推荐了一款家具，顾客看了看，然后又用手摸了摸、敲了敲，摇摇头说："这家具的款式还不错，不过材质很一般。"

⊗ 错误应对

1."材质挺好的呀，怎么会一般呢？"

（这种说法过于机械、简单，对顾客来说没有任何说服力，很难消除顾客的异议）

2."材质哪里不好啊？"

（这种说法表面看似在询问顾客对材质不满的原因，实际上暗含着一种对顾客的不满和质问，很容易引起顾客的不满）

3."那咱们再看看其他材质的吧，请问您想要什么材质的？"

（这是一种消极应对方式，还没有对顾客的异议作任何解释就转而推

荐其他的，很难取得销售的成功）

4.“这款家具卖了这么久，还从没有顾客说过它材质不好。”

（这种说法有指责顾客吹毛求疵的嫌疑，很容易引发顾客的不满，导致销售的失败）

情景解析

当顾客对家具的材质提出异议或质疑时，家具销售人员首先应该对顾客的想法表示理解和认同，然后从专业角度向顾客解释家具材质的特点、优点和功能，以及它能给顾客带来的好处和利益。假如材质确实不是很理想，那么家具销售人员应该向顾客介绍家具其他方面的优点，以转移顾客的注意力。

需要注意的是，在解释和介绍的过程中，家具销售人员一定要表现得自信、专业、真诚、坦然、不急不躁，这样往往能在很大程度上增强顾客对家具的信心，提升顾客的购买欲望。切忌缺乏信心、语无伦次，回答没有底气，否则会进一步加深顾客对家具材质的质疑。

话术示范

范例 1

顾客：“这款家具的款式还不错，不过材质好像很一般。”

家具销售人员：“材质一般？这个问题我想了解一下，因为我们过去确实没有听到顾客这么说过，您可以说说您为什么这么说吗？”

（询问顾客对材质不满的具体原因）

顾客：“……”

家具销售人员：“姐，其实这款家具的材质是纯榉木的，这种材质的家具比贴木皮家具要好多了。榉木是江南特有的木材，在所有木材的硬度排行上，属于中上水平，硬度堪比红木，而且榉木承重性好、耐磨损、抗压性强，不仅受到家具、木门、地板等制造商的青睐，而且在造船、建筑、桥梁建造方面，也常常见到榉木的身影。从外观上来说，榉木质地细密、均匀，纹理清晰，拥有如同重叠波浪尖的'宝塔纹'。所以使用榉木家具您不仅会觉得安全、放心，而且会为您的生活增色不少。"

（向顾客介绍家具材质的特点，以及这种材质能带给顾客哪些好处）

范例 2

顾客："这款家具的款式还不错，不过材质好像不太好。"

家具销售人员："嗯，这款家具的材质表面上看起来确实不怎么好，可实际上并非如此。这种材质的家具非常适合像您这样的白领阶层使用，它能带给人某种人性化的需求，就像'会思考的木头'一样，当您劳碌了一整天后，感觉疲倦至极时，躺在它制造的软床或沙发上，你会处于一种完全舒展的状态，所有的压力和纷扰都会离您远去，这既是一种心理调节，又是一种生理调节……"

（先对顾客的观点表示认同，然后向顾客介绍材质的优点和好处）

范例 3

顾客："这款家具的款式还不错，不过材质好像不太好。"

家具销售人员："嗯，您说的很对，这种材质的家具表面看起来确实不太出众，不过它正好投合了中产阶级这部分人群的需求和口味，就像您刚才所说的，您生活在北京这样一个人口流动性很大的城市，并没有打算在此长住，对家具的要求就是简单实用、性价比高，而这种材质的家具既结实耐用，又不失大气、时尚……"

（先对顾客的观点表示认同，然后向顾客介绍家具其他方面的优点，以转移顾客的注意力）

顾客："嗯，听你这么一说，感觉确实不错。"

家具销售人员："嗯，而且这款家具现在正在做促销活动，价格可以给您做到 8 折，很划算的。"

（用价格优势促使顾客做出购买决定）

情景40

顾客说“你们的家具做工太粗糙了”

情景描述

顾客打算买一套电视柜，家具销售人员向顾客推荐了一款，顾客看了看说：“你们的电视柜做工也太粗糙了吧，还是牌子货呢，你看看，封边有的地方都开裂了，打磨得也很粗糙，有的地方还有毛刺呢！”

⊗ 错误应对

1.“现在的电视柜都这样，就算是再好的品牌也难免有一些小瑕疵。”

（这种说法等于承认了顾客的观点，而且有嫌顾客太挑剔的味道，会进一步加深顾客对家具的负面印象）

2.“这是小问题，不影响使用的。”

（顾客买家具买的是个称心如意，谁也不愿意买一件有瑕疵的家具，这种说法不但难以消除顾客的异议，还有可能引起顾客的不满）

3.“这没什么大碍，您要是诚心要，我给您打个折。”

（这种说法不但间接承认了顾客的观点，而且主动提出打折，大多顾客听到此类言辞后，会认为你给他推荐的是个残次品，所以才会低价卖给他。如果顾客是个完美主义者，对家具比较挑剔，就算打再低的折扣，顾客也不会要）

情景解析

终端无小事，任何一个细节都可能影响到销售的成败。当顾客发现家具存在某些细微的瑕疵时，不但会影响其购物的心情，还会在一定程度上降低品牌在其心目中的形象。而且有些顾客在挑选家具时往往具有放大镜效应——他们一旦发现家具在某些细节上存在瑕疵，就很容易联想到整件家具可能都会有严重的质量问题。因此，当顾客提出家具细节方面的异议时，家具销售人员一定要谨慎、认真地处理。

家具销售人员首先应该对顾客提出意见表示真诚的感谢，将顾客的角色由批评者和买货者转变为建议者和朋友，然后要向顾客承认自己的错误和工作疏忽，让顾客感受到你的诚意，以赢得顾客的理解和信任，同时要迅速将话题的焦点转移到为顾客更换家具上。

范例 1

顾客：“你们的电视柜做工太粗糙了吧，还是牌子货呢，你看看，封边有的地方都开裂了，打磨得也很粗糙，有的地方还有毛刺呢！”

家具销售人员：“先生，真是对不起，由于我们的工作疏忽，出货时没有发现这个细节问题，这是我们的错，还请您多多包涵！我会立刻把这个情况反馈给库房和厂家，让他们尽快拿出一个解决方案，坚决杜绝再出现这样的问题家具。谢谢您告诉我这个情况。”

（先对顾客表示诚挚的歉意，并避重就轻地将问题的原因归于自己，同时承诺尽快解决顾客反映的问题，以消除顾客的信任危机）

顾客：“嗯，这还差不多。”

家具销售人员：“先生，我们还有几款电视柜也挺适合您的，您可以看看，来，您这边请。”

（通过为顾客推荐其他家具转移顾客的注意力）

范例 2

顾客：“你们的电视柜怎么做工这么粗糙啊，还是牌子货呢，你看看，封边有的地方都开裂了，打磨得也很粗糙，有的地方还有毛刺呢！”

家具销售人员：“哎哟，姐，真得谢谢您告诉我这个状况，我会立刻跟公司领导反映这个情况，并尽快对问题家具做出处理，真是谢谢您啦！”

（先对顾客提出意见表示感谢，并承诺对顾客提出的问题尽快做出处理，以赢得顾客的好感和信任）

顾客：“没事，不用客气。”

家具销售人员：“姐，那麻烦您稍等一下，我马上通知库房给您换一件。”

（利用为顾客更换家具转移顾客的注意力）

情景 41

顾客问“这种烤漆的家具会不会容易脱皮或划伤”

情景描述

家具销售人员向顾客推荐了一款家具，顾客有些担心地问道：“你们的家具看着还不错，不过这种烤漆会不会容易脱皮或划伤啊？”

⊗ 错误应对

1.“您放心，我们的家具采用了独特工艺，绝对不会出现这种情况。”

（这种回答方式把话说得过满，且缺乏论据支撑，不仅无法取信于顾客，而且可能为顾客日后找麻烦埋下隐患——万一顾客买回去后出现脱皮或划伤的问题，就会回来投诉或要求退换货，并对家具店和家具销售人员失去信任）

2.“这种烤漆工艺虽然看上去亮丽、好看，但是坚固性比较差，出现掉皮或划伤也是在所难免的。”

（这种实话实说的回答方式虽然符合诚信原则，但会在很大程度上降低顾客的购买热情）

3.“您在擦拭的时候只要注意以下几点……就不会出现脱皮、划伤的情况了。”

（这种说法会让顾客觉得家具护理起来过于麻烦，从而降低销售的成功率）

情景解析

家具的脱皮或划伤等问题属于家具产品的硬伤，是家具销售人员在销售过程中无法回避的问题，同时也是很多顾客非常在意和经常问到的问题。当顾客在购买家具的过程中提出这方面的异议时，家具销售人员可以从以下几方面入手，增强顾客的购买信心：

对顾客表示理解

面对顾客类似的疑虑和担心，家具销售人员首先应该对顾客表示理解，然后针对顾客的疑虑和担心进行客观的回答，比如：“我非常理解您的担心，换作是我也会有这种担心的。烤漆工艺的家具确实比较容易掉皮或划伤，但是这些问题主要还是跟我们的使用方式有很大的关系……”

了解顾客的真实需求

接着家具销售人员要向顾客询问一些与其需求相关的问题，比如家里的装修风格、装修颜色等，以进一步了解顾客的真实需求，力争做到量身推荐，让顾客感觉你的推荐专业、到位，而非强行推销。

弱化问题，转移焦点

由于顾客提出的此类异议对销售相对不利，他们很有可能因为这些疑虑和担心得不到解决而最终选择放弃购买。所以家具销售人员要学会扬长避短、转移矛盾，即把焦点转移到帮顾客提供解决问题的方案上，告诉顾客为了尽量避免这些问题的产生，家具店或生产厂家采用了哪些方法和措施，切不可跟顾客纠缠于是否容易掉皮或划伤的争辩中。比如：“但是这个问题您也无需太担心，我们的家具为了避免产生掉皮和划伤的情况，特别采用了……材质和……生产工艺技术，而且我们针对这些问题有一套完善的售后服务体系……完全可以解决您的后顾之忧。”

介绍保养事项或推荐其他

在经过家具销售人员的一番努力、顾客确定要购买这件家具后，家具销售人员还要以友情提示的方式，用简洁的语言向顾客介绍家具的日常保养事项，这样能大大提升顾客的满意度和信任度。

如果经过一番努力，顾客的疑虑和担心还是没有消除，那么家具销售人员可以尝试向顾客推荐其他家具产品，比如：“我觉得按照您的需求，这款家具也非常适合您……”

需要注意的是，对待掉皮或划伤这类家具的硬伤问题，切忌拼命地掩盖甚至强词夺理，否则很容易适得其反，加重顾客的疑虑和担心；也不要为了把家具卖给顾客而信口做出保证和承诺，以免日后出现问题难以收场。

范例 1

顾客：“这种烤漆的家具会不会容易脱皮或划伤啊？”

家具销售人员：“先生，您的顾虑我非常理解，以前也有很多顾客提出过和您一样的问题。不过，先生，我可以负责任地告诉您，我卖这个品牌的家具已经五年多了，到目前为止，只要是按照我们说的方法来擦拭和保养，基本上是不会出现您说的脱皮或划伤现象的。所以这个问题您大可不必担心，您真正需要担心的是这件家具是否适合您，因为家具不适合，就算它质量再怎么好您也不会买，您说是吧？”

（先对顾客的顾虑表示理解，然后用自己卖家具的经历打消顾客的担心和顾虑，并引导顾客转移话题焦点）

顾客：“嗯。”

家具销售人员：“先生，那请问您家的装修风格是怎样的？我给您找一款风格相搭配的。”

（进一步询问顾客的购买标准和需求）

范例 2

顾客：“这种烤漆的家具会不会容易脱皮或划伤啊？”

家具销售人员：“姐，您这个问题真是问到点子上了，确实有一些烤漆家具存在您说的脱皮或划伤情况，不过我可以负责任地告诉您，我们这个牌子的所有家具在出厂前都采用特殊的工艺处理过了，所以一般不会出现脱皮或划伤的情况。而且，我卖这个牌子的家具已经差不多有四年了，到目前为止，还没有一位顾客出现过您说的这种情况，所以，您就放心购买好了。”

（先对顾客的顾虑表示理解，然后用“特殊工艺处理”打消顾客的顾虑和担心）

顾客：“嗯。”

家具销售人员：“姐，请问您平时都喜欢用什么颜色的家具啊？”

（进一步询问顾客的购买标准和需求）

顾客：“……”

家具销售人员：“那真是巧了，您喜欢的这种颜色我们这里刚好有。来，姐，请跟我来，我带您去看看。”

……

（顾客决定购买后）

家具销售人员：“姐，其实这种比较高档的烤漆家具保养也是很重要的，为了使家具不出现您刚才所担心的掉皮和划伤问题，您在擦拭时要注意……保养时要注意……用的时候要注意……”

（用简洁的语言向顾客强调家具的日常保养事项）

范例 3

顾客：“这种烤漆家具倒是挺漂亮的，但是会不会很容易脱皮或划伤啊？”

家具销售人员：“先生，我非常理解您的担心，换作是我也会有这种担心的。烤漆工艺的家具确实比较容易掉皮或划伤，不过原因是多方面的，而且主要跟我们的使用方式有关系。”

（先对顾客表示理解，然后针对顾客的疑虑和担心进行客观的回答）

顾客：“哦。”

家具销售人员：“请问您家是什么装修风格呢？”

顾客：“欧式。”

家具销售人员：“装修的主色调呢？”

顾客：“原木色。”

……

（接连向顾客询问与其需求相关的问题，以进一步了解顾客的真实需求）

家具销售人员：“其实按照您家的装修情况，我觉得这款烤漆家具还是挺适合您的，因为您家是欧式装修风格，配烤漆家具显得比较有档次，您家的装修色调又是原木色，这款家具放在您家里，可以起到相得益彰的效果……”

（根据顾客的需求，力争做到量身推荐）

顾客：“嗯。”

家具销售人员：“虽然烤漆家具比较容易掉皮和划伤，但是您也无需过分担心，因为我们的家具为了避免产生掉皮和划伤的情况，特别采用了……生产工艺技术，所以相对来说，不是特别容易掉皮和划伤。而且我们还会给您一份使用保养指南，您只要按照上面的要求正常使用和保养，一般是不会出现掉皮和划伤的情况的。”

（把焦点转移到帮顾客提供解决问题的方案上）

顾客：“嗯。”

家具销售人员：“而且我们有一套完善的售后服务体系，可以完全解决您的后顾之忧。我们的家具是 × 年免费保修的，您在使用过程中一旦出现掉皮和划伤问题，只要拨打我们的售后服务电话，我们就会立即派专人上门给您维修！”

（用完善的售后服务消除顾客的疑虑和担心）

情景 42

顾客说“这种衣柜已经过时了，现在基本没人用了”

情景描述

家具销售人员向顾客推荐了一款特价衣柜，顾客摇摇头说：“这种衣柜已经过时了，现在基本没人用了。”

⊗ 错误应对

1. “嗯，正因为它是旧款，所以才这么便宜。”

（这种说法等于承认了顾客的观点，而且将顾客主观定义为只能买低价货，顾客听到家具销售人员这么说，会感觉很没面子）

2. “这款衣柜最近很流行呀，怎么会过时了呢？”

（这种说法过于机械、简单，不但对顾客没有任何说服力，而且会让顾客感觉这个品牌的家具没有任何新颖性和特色可言，会大大降低顾客的购买兴趣）

3. “这款衣柜虽然款式旧了点，但是材质好，结实耐用。”

（这种说法没有抓住顾客的需求点，顾客之所以这样说，通常说明他比较注重家具的款式，所以这种说法缺乏有效的说服力）

4. “这是因为您还没有看出它的优点和独特之处来呢！”

（这种说法有点答非所问，而且暗示顾客缺乏品位，所以才会做出这么粗糙的评价）

情景解析

很多顾客尤其是比较年轻的顾客，买家具、用家具都追求时尚、前卫，尤其是在购买沙发、衣柜、地板等带有一定装饰性和美化家庭环境功用的家具时，他们大都会有一种“喜新厌旧”的心理，对款式传统、陈旧的家具比较抵触和排斥。所以当家具销售人员给他们推荐的家具不够时尚、新颖时，他们就会提出“家具款式陈旧、过时”的异议。

面对顾客类似的异议，家具销售人员不要急着对顾客的想法予以否定，也不要急着去和顾客辩解，那样只会使顾客对家具的负面印象进一步加深，而应该先对顾客予以肯定、认同和赞美，以赢得顾客的好感，拉近与顾客的距离，然后向顾客探询觉得家具款式陈旧、过时的深层原因是什么。待顾客作出回答后，再进行相应的解释或推荐工作，并尽量以顾客的异议作为家具的卖点和利益点，使顾客对家具产生好感和认同，力争促成交易。

当然，如果顾客对你的推荐和介绍不以为然或不为所动，你也不要勉强顾客，而应该礼貌地询问顾客的款式喜好和需求标准，然后根据顾客的兴趣点和需求点推荐其他款式的家具。

话术示范

范例 1

顾客：“这款衣柜已经过时了，现在基本没人再用这种衣柜了。”

家具销售人员：“美女，您眼力真好啊！一眼就看出它是传统款式的衣柜。不过正因为它是过去的传统款式，所以才卖现在这个价！而且您也知道，买衣柜最重要的是材质好、结实耐用，如果不是用它来装点新房，其实也不一定非用最新款式的。您说是吧？”

（先赞美顾客眼光好，以赢得顾客的好感，然后将顾客的疑虑点转化为家具的卖点）

顾客：“那倒是。”

家具销售人员：“这款衣柜用的是……材质，它的优点是……您可以用手敲一敲、摸一摸，感觉一下！”

（向顾客介绍家具的优点和卖点，并引导顾客对家具进行体验）

范例 2

顾客：“这款衣柜是过去的旧款式吧？”

家具销售人员：“姐，您真是内行啊！其实您现在买这款衣柜非常划算：第一，这款衣柜的款式并不过时，只是因为我们展厅的背景环境和它不太搭，所以显得它有点老气，您买家具是要与您家的装修风格相匹配的，如果您家是……装修风格和……颜色，那么这款衣柜放到您家里一定会很漂亮、很时尚的。对了，我们这里有几张已经装修好的样板照片，您可以看一下，效果非常不错。第二，这款衣柜的材质和做工都是一流的，质量绝对有保证。第三，这款衣柜现在正在做活动，价格非常实惠，像这么好的衣柜我们之前从来没卖过这种价钱，您现在不抓住机会购买真的很可惜！”

（先用赞美跟顾客套近乎，然后将顾客的疑虑点转化为家具的卖点，并用促销机会难得给顾客制造紧迫感）

范例 3

顾客：“这款衣柜看上去太老土了吧，现在几乎都没人用了。”

家具销售人员：“先生，非常感谢您的坦率评价，您真是个爽快人，我就喜欢和您这样的人打交道。其实这款衣柜并不过时，只是由于它的款式属于经典款，是专门为注重实用性的顾客设计打造的，所以延续了过去的风格。对了，我这边有几个已经装修好的样板照片，您可以看一下，效果挺不错的。”

（先通过赞美跟顾客套近乎，然后就家具的款式问题向顾客做出解释说明，并以此为卖点激发顾客的购买兴趣）

顾客：“不好看，我不太喜欢。”

家具销售人员：“哦，那么请问您，是什么原因让您觉得这款衣柜比较老土呢？”

（询问顾客觉得家具老土的原因）

顾客："哦，我觉得它的款式像上个世纪的，而我想买一款时尚的衣柜用来装饰新房。"

家具销售人员："哦，原来是这样啊。我们最近到了一批最新款的衣柜，有欧美风格的，有日本风格的，有东南亚风格的，还有中国田园风格的，都是时下很流行的风格，请问您喜欢哪种风格的？"

（向顾客推荐时下比较流行的新款家具，并礼貌地询问顾客的喜好，以便根据顾客的兴趣点做推荐）

情景 43

顾客说"家具的款式和颜色还可以，但是味道太重了，感觉环保性不是很好"

情景描述

家具销售人员向顾客推荐了一款家具，顾客看了看家具的款式和颜色，然后又闻了闻家具的气味，摇摇头说："这款家具的款式、颜色还可以，但是味道太重了，感觉环保性不是很好，会不会甲醛含量超标啊？"

⊗ 错误应对

1.“现在的家具没有不含甲醛的。”

（这种回答等于间接承认了家具含有甲醛，会大大降低顾客的购买热情，因为顾客本就担心家具含有甲醛会影响家人的健康，家具销售人员这么一说，顾客就更不敢买了）

2.“您放心，我们的家具在出厂前都是经过质检的，甲醛含量很低，环保性绝对没问题。”

（家具销售人员回答顾客的异议最好有事实或证据支撑，而这种说法只是空口说白话，缺乏有效的证据证明，对顾客来说缺乏可信度和说服力）

3. “这个没有多大影响，家具上的气味慢慢就消失了。”

（顾客担心的是家具的气味会不会对家人的健康造成危害，而这种说法没有站在顾客的立场考虑问题，很难消除顾客的疑虑和担心）

4. “这款家具已经卖出去很多件了，从没有顾客说过它环保性差，甲醛含量超标。”

（这种说法暗示顾客吹毛求疵，鸡蛋里挑骨头，很容易引发顾客的不满和反击）

情景解析

在追求健康、自然的今天，诸如甲醛含量等环保性问题越来越受到顾客的重视和关注。因此，在购买家具的过程中，很多顾客都会问及此类的问题。从这个案例来看，顾客对家具的款式、颜色等方面还是基本认可的，只是对家具的环保性提出了质疑。所以家具销售人员最关键的工作就是消除顾客对家具环保性的质疑，提升顾客的购买信心。那么，家具销售人员该如何做呢?

顾客关注家具的甲醛含量和环保性问题，是因为他们担心自己及家人的健康，这是人之常情。试想，如果是你自己购买家具，你会忽视家具的环保性对健康的影响吗？肯定不会。所以，家具销售人员首先应该站在顾客的立场和角度，对顾客的顾虑和担心予以理解和认同，拉近与顾客的距离，增强顾客的好感和认可度。只有先赢得顾客的好感和认可，他才会进一步认同家具销售人员介绍的家具产品。

接着，家具销售人员要正面顾客提出的环保性问题，并对这个问题做出客观、公正的解释和说明，然后提出解决方案，以消除顾客的顾虑和担心。在解释和说明的过程中，家具销售人员要尽量使用数据化、生动化的语言，并尽量为顾客提供一些具有说服力的证据，如家具的环保检测证书等，以提高顾客的信任度。比如：“我们日常饮用水的甲醛含量是 ××，而我们家具的甲醛含量仅为 ××，可见它比饮用水都安全，所以您完全不必担心，它不会对您的身体健康造成任何影响！”

范例 1

顾客：“这款家具的款式、颜色还可以，但是味道太重了，感觉环保性不是很好，会不会甲醛含量超标啊？”

家具销售人员：“先生，看来您很注重环保和家人的健康啊！我特别能理解您的感受，家具与我们的生活息息相关，而且一用就是几十年，如果家具里的甲醛超标，必定会对我们的身体产生损害！”

（对顾客的顾虑和担心表示理解和认同，拉近与顾客的距离）

顾客：“可不是嘛，所以我选家具一定要选甲醛含量低的，环保等级合格的。”

家具销售人员：“嗯。如果说我们的家具一点甲醛都没有，那肯定是哄骗您的假话，因为家具产品要完全避免甲醛是不太可能的，但是可以通过生产工艺将它的含量控制在安全范围内。根据国家 ×× 标准，只要控制在 ×× 以内就不会对人体造成危害。您知道吗？我们日常的饮用水中甲醛的含量是 ××，而我们的家具经过检测，甲醛含量仅为 ××，完全符合国家的安全标准，所以它的环保性您完全不必担心！”

（尽量用数据化、生动化的解释说明，打消顾客的顾虑和担心）

顾客：“但是它的气味也太大了吧，你闻闻啊。”

家具销售人员：“先生，其实任何新家具刚开始都会有一些气味，这是不可避免的。不过您可以放心，我们的家具在出厂前都是经过环保检测的，环保标准达到了 E1 级，E1 级是国家强制性的健康标准，您看这是我们的证书（拿出检测证书）。”

（用国家环保标准和公司的检测证书，打消顾客的顾虑和担心）

顾客：“那这气味也太让人觉得不舒服了。”

家具销售人员：“先生，我教您一个方法，您弄些柚子皮放在家具里面，这些气味很快就没有了！”

（给顾客提出解决方案）

范例 2

顾客：“这款家具的款式、颜色还可以，但是味道太重了，感觉环保性不是很好，会不会甲醛含量超标啊？”

家具销售人员：“先生，您这个问题真是问到点子上了，换作是谁，都会有这种担心的。因为家具的环保性毕竟跟我们家人的健康密切相关啊！对了，您家里有孩子吗？”

（先对顾客的顾虑和担心表示理解和认同，并通过关心顾客家里是否有孩子，拉近与顾客的距离）

顾客：“有。”

家具销售人员：“有孩子就更应该重视家具的环保性了，小孩正处于生长发育阶段，家具的甲醛含量一旦超标，就会对他们产生极大的危害，因为甲醛会渗透在我们平时呼吸的空气里，甚至我们平时吃的、喝的、用的东西里，如果天天与甲醛亲密接触，势必会对身体造成很大的危害。不过您放心，为了将甲醛的含量降到最低，我们的家具在出厂前采取了很多措施，比如我们在工艺上采用了……在材料的选用上……所以我们的家具一般不会出现甲醛超标的情况。”

（继续用关心拉近与顾客的距离，然后话锋一转，用“家具使用了特殊材料和特殊工艺处理”来打消顾客的顾虑和担心）

情景 44

顾客说“××家具的环保标准都达到了E0级，而你们的才是E1级”

情景描述

顾客听了家具销售人关于家具环保性的介绍后，摇摇头说：“人家××家具的环保标准都达到了E0级，而你们的才是E1级，明显不如人家啊！”

⊗ 错误应对

1.“E0级是他们为了忽悠顾客夸大其词编出来的，这您也相信啊？”

（这种说法不仅含有对竞争对手的诋毁，而且含有对顾客智商的侮辱：“你的意思是说我太弱智了，被人家的谎话给骗了呗！”顾客听到你这么说，不但不会对你的家具品牌产生信任和好感，反而会对你的人品和家具的品牌产生质疑）

2.“虽然我们的环保标准不及他们，但是也足够了，不会对您及家人的健康造成任何危害。”

（这是一种心虚和缺乏信心的说法，等于间接承认了自己的家具在环保性方面不如竞争对手，会大大降低顾客的购买热情）

情景解析

随着环保意识的日益提高，顾客在购买家具时，越来越关注家具的环保性问题。因此，很多家具品牌为了提升自己的竞争力，凸显自己品牌的优越性，常常在环保性问题上做文章，比如用所谓的E0级标准来打击其他竞争品牌的 E1 级标准。尽管 E0 级标准只是欧洲的标准，日常生活中只要能达到 E1 级标准，就完全不会对身体健康造成危害，但是很多顾客在购买家具时，还是会经常提出类似的异议。

遇到顾客类似的异议时，家具销售人员可以按照以下三步进行处理：

第一步，先“顺”顾客一下，对顾客的想法表示理解和认同，以赢得顾客的好感和认同，为接下来向顾客阐释你的观点做铺垫。比如：“是的，先生，您有这种想法我非常理解，环保对您和家人的健康确实非常重要，换做是我，同样也会非常重视的。”

第二步，开始表达自己的观点，并尽量用一些数据、国家标准等向顾客阐释家具的环保标准问题，比如告诉顾客 E3 级环保标准已经接近饮用矿泉水的标准，所以 E1 级绝对不会对身体产生危害等。为了增加可信度和说服力，还可以拿出国家认证的检测报告、证书等。

第三步，在初步得到顾客的认可后，要及时转到家具的最强卖点上去，而不要在环保标准问题上一味纠缠。比如：“先生，其实我觉得您在关注家具环保标准的同时，也应该关注一下家具的其他方面，比如质量、做工、款式、售后服务等，这些方面也很重要……”

话术示范

顾客：“人家 ×× 家具的环保标准都达到了 E0 级，而你们的才是 E1 级，明显不如人家啊！”

家具销售人员：“先生，您有这种想法我非常理解，家具的环保性对我们的身体健康确实非常重要，家具的环保性一旦不达标，就会对我们的身体产生极大的危害。所以我们选购家具时应该对环保标准格外重视。”

（先对顾客的想法表示理解和认同，以赢得顾客的好感和认同）

顾客：“对啊。”

家具销售人员：“先生，我想您对家具的环保标准存在一定的误解，E1 级环保标准是国家强制性的健康标准，是国家强制实行的‘安全标准线’，而 E0 标准是目前国际至高健康标准。据相关资料表明，家具的环保性达到 E× 级时，就已经跟我们平时喝的饮用水处于同一环保标准了，所以 E1 级绝对不会对您和家人的健康造成任何危害。”

（用数据、国家标准等向顾客阐释家具的环保标准问题）

顾客：“是吗？那 E0 级和 E1 级到底哪个更安全点？”

家具销售人员：“其实从对身体健康影响的角度讲，E0 级和 E1 级根本相差无几，只是认证的机构不同而已。根据咱们国家的规定，只要家具的环保标准达到 E1 级，它对人体健康的危害就可以忽略不计了。您看，这是国家给我们的家具出具的检测报告和证书。”

（用国家认证的检测报告和证书增加可信度和说服力）

顾客：“嗯。”

家具销售人员：“先生，其实您在关注家具环保标准的同时，也应该关注一下家具的其他方面，比如质量、做工、款式、售后服务等，这些方面也很重要。比如我们的家具有一套规范、完善的售后服务体系，只要您购买了我们的家具，之后的所有问题您都不用操心了，我们会免费为您送货上门，免费为您安装，并且终身免费维修保养。您在使用过程中出现任何问题，只需一个电话，我们的售后服务人员就会第一时间赶到您家为您解决。”

（转到家具的其他优点和卖点上，并向顾客强调家具的最强卖点，以提升顾客的购买信心）

情景45

顾客说“这款家具折扣打得这么低，是不是质量有什么问题啊”

情景描述

家具销售人员向顾客推荐了一款特价家具，但是顾客却担心特价家具有质量问题：“这款家具折扣打得这么低，是不是质量有什么问题啊？”

⊗ 错误应对

1.“不会，这款家具虽然是特价品，但质量绝对有保证，您不用担心/您放心，我以我的人格担保，我们的家具质量绝对不会有问题的。”

（这种简单、空洞，缺乏证据的承诺，没有任何说服力，不但难消除顾客的疑虑，而且可能给顾客“此地无银三百两”之感，加深顾客的怀疑）

2.“都是同一个牌子，质量都是一样的，您就放心吧。”

（这是一种敷衍顾客的说法，顾客会以为你是为了把家具卖给他而故意这么说的）

3.“都是一样的家具，怎么会有质量问题呢？”

（这种反问的语气有讽刺顾客不识货、吹毛求疵的嫌疑，不但难以消除顾客的疑虑，而且可能引起顾客的不满）

4.“质量有没有问题我也不敢保证，买不买看您自己了。”

（这种回答是缺乏底气的表现，不但难以消除顾客的疑虑，而且可能加深顾客的怀疑）

情景解析

当顾客对特价家具的质量提出质疑时，其实是对家具销售人员不信任的表现，所以取得顾客的信任是家具销售人员处理好类似异议的关键。

为了取得顾客的好感和信任，家具销售人员首先要对顾客的想法表示理解和认同。接着，家具销售人员要坦诚地将家具特价的原因告知顾客，比如正在搞店庆活动、家具有某些非致命的缺点等，这样顾客反而会觉得你实在，从而更加信任你。需要注意的是，在家具存在某些非致命的缺点时，这个缺点一定要是无关痛痒或顾客不是很看重的，千万不能是质量、做工等方面有问题。在向顾客介绍时，家具销售人员要对这些缺点一带而过，然后迅速转到家具的其他优点和卖点上。最后，家具销售人员要以特价家具实惠、划算作催化剂，推动顾客做出购买决策，并给予顾客质量承诺，以最大限度地减少顾客的顾虑。

范例 1

（某家具店的家具不小心进了水，导致家具上的花纹产生了些许变形，正巧有一位顾客看中了这款家具，但觉得它的花纹有些奇怪）

顾客：“这款家具价钱这么低，是不是有什么质量问题啊？你看它上面的花纹，怎么感觉奇奇怪怪的？”

家具销售人员：“先生，您真是有眼光啊，一看您就是家具方面的行家，很多顾客看到这款家具这么便宜，都会有这种感觉。不瞒您说，其实这些花纹并不是天然的，只是因为不小心进了水，才变形成这样的，但反而显得更独特、更漂亮了，难道您不觉得吗？而且它的质量绝对没有问题，您可以放心购买！”

（先对顾客的想法表示理解和赞同，以赢得顾客的好感，然后坦诚地承认家具非致命的缺点，以赢得顾客的信任，最后迅速转到家具的其他优点和卖点上，并以质量承诺推动顾客做出购买决策）

范例 2

顾客：“这款家具折扣打得这么低，不会有什么质量问题吧？”

家具销售人员：“先生，您这个问题问得好，您说的这种情况在我们行业确实存在，以前有很多顾客也有过这种顾虑，不过我可以负责任地告诉您，在我们家具店，不管是正价还是特价的家具，质量都是完全一样的，包括我们给您提供的质量三包和售后服务都是一样的，只不过按照公司的促销规划，这款家具现在正处于促销期，所以在价格上要比平时优惠一些！”

（先对顾客的顾虑表示理解和认同，然后用质量承诺降低顾客的顾虑心理，同时以真诚、负责的口吻告诉顾客价格优惠的原因）

顾客：“哦，原来是这么回事啊。”

家具销售人员：“对啊，所以您完全可以放心购买，而且现在买真的很划算，要比平时省好几百块呢！”

（以价格优势推动顾客成交）

范例 3

顾客：“这款家具价钱这么低，是不是有什么质量问题啊？”

家具销售人员：“先生，您有这种想法我非常理解，很多顾客在还没有完全了解我们的家具之前，都会有类似的感觉，不过了解真相后就不这样认为了！”

（对顾客的顾虑表示理解和认同）

顾客：“哦？什么真相？”

家具销售人员：“其实这些特价家具之前都是正价家具，只是按照公司规定，这个月是我们的回馈顾客月，为了感谢顾客对我们的厚爱与支持，所以才搞特价促销的。要是平时的话，这款家具起码要高 30% 的价格呢！而且我们的回馈活动到后天就结束了！”

（坦诚地将家具特价的原因告知顾客，并用活动即将结束给顾客制造紧迫感）

顾客：“哦，原来是这样啊。”

家具销售人员：“嗯，不过先生您放心，这些家具的质量是百分之百有保证的，您完全可以放心购买。”

（用质量承诺消除顾客的顾虑和担心）

第五章

守住价格就是守住利润

——价格异议处理情景训练

价格问题是家具销售人员在销售工作中不得不面对的一个问题，也是买卖双方之间最敏感的一个问题，因为它是关系到双方利益的关键所在——顾客希望能以尽可能低的价格买到称心如意的家具，而家具销售人员则希望家具能卖出尽可能高的价格，以最大限度地保证家具店的利润和自己的销售提成。一旦价格谈不拢，家具销售人员之前所做的努力就会前功尽弃。因此，家具销售人员有必要学习和掌握一些价格谈判的方法和技巧，以促成交易的达成。

情景 46

顾客直接询问某款家具的价格

情景描述

顾客在家具店内转了一圈，不等家具销售人员给自己介绍，就指着其中一款家具向家具销售人员问道："这款家具多少钱，贵不贵？"

⊗ 错误应对

1. "不贵，才 ×× 元。"

（当顾客直截了当询问家具的价格时，家具销售人员最好不要直接报价，因为家具属于高消费品，动辄成千上万，很容易将顾客"吓"跑。最好的方法是先让顾客深入了解家具的卖点和价值，然后再报价，这样能让顾客觉得物有所值，从而降低后续价格异议的处理难度）

2. "这款家具有点贵，不过它的质量、做工、材质好，绝对值这个价！"

（在家具销售人员的销售字典里，不应该有"贵"这个字眼，因为这个字一旦出口，就会降低顾客的购买热情）

3. "这款家具一点都不贵。"

（这种回答只说了半截话，有点吊顾客胃口的味道，会激起顾客进一步询价的欲望："那到底是多少钱呢？"从而让家具销售人员陷入被动）

4. "价钱不重要，关键是家具好不好，是不是适合您，您说对吗？"

（这种说法很容易引起顾客的反感，追求物美价廉、质优价廉是消费者的普遍心理，而且每分钱都是顾客辛苦赚来的，怎么能说价钱不重

要呢）

情景解析

有些顾客在看到自己喜欢或感兴趣的家具后，可能不等家具销售人员介绍就迫不及待地先询问价格了。这对家具销售人员来说是好事，说明顾客确实有购买家具的需求。但是，家具销售人员也不要因此而高兴，因为在顾客对家具还缺乏深入了解的情况下，贸然地向顾客报价是非常危险的，会导致买卖双方提前进入价格谈判阶段，使家具销售人员在价格谈判中陷入被动的局面。所以，在顾客一上来就询价时，家具销售人员最好先不要急于向顾客报价，而应该引导顾客先对家具进行了解，并尽量将家具的卖点和价值一一展现给顾客，然后观察顾客的反应，看家具是否真能满足顾客的需求。只有先确保家具能充分满足顾客的需求，让顾客觉得家具物有所值或物超所值，顾客才更容易接受家具的价格。

具体来说，家具销售人员可采取如下方法：

忽略法

即跳过顾客对价格的关注，直接转到对家具卖点的介绍上。在向顾客介绍时，家具销售人员要学会适当“造势”，向顾客显示家具人气高、很抢手，这样能大大增加顾客对家具的认可度和满意度，最大限度地激发顾客的购买热情和欲望。

反问法

当顾客询价时，家具销售人员可以用轻松、半开玩笑的口吻反问顾客一下，比如：“先生，您真是有眼光啊！一眼就看中了这款做工考究又款式时尚的家具，这么好的家具，您觉得多少价格合适呢？”这种方法能让家具销售人员跳出尴尬，掌握价格谈判的主动权。

预先框视法

面对顾客的询价，家具销售人员可以先框视顾客是一位讲究生活品位的成功人士，因为讲究生活品位的成功人士通常不会因价格贵而拒绝购买或拼命讨价还价；然后框视顾客总会做出明智的决策。这种方法只要运用得当，多半都能成功地完成销售。

等到顾客对家具了解得足够清晰、透彻，并且流露出极强的兴趣和购买欲望时，或者顾客反复询问价格，对你“喋喋不休”的介绍流露出不耐烦的神情时，就可以向顾客报出价格了。

范例 1

顾客：“这款四门衣柜多少钱啊？贵不贵？”

家具销售人员：“今天问这款衣柜的人还真多啊！姐，看来您也是个买家具的行家啊！一眼就看中了这款做工考究又款式时尚的衣柜，这么好的衣柜，您觉得多少价格合适呢？”

（用反问法跳出尴尬，掌握价格谈判的主动权）

顾客：“这我可说不好。”

家具销售人员：“姐，那您之前应该看过类似的衣柜吧？”

顾客：“嗯，我看过一套跟这套差不多的。”

家具销售人员：“那您看的那套衣柜多少钱啊？”

（挖掘竞争品牌的报价情况）

顾客：“4999 元。”

家具销售人员：“哦。那您对那套衣柜还算满意，对吗？”

（询问顾客对竞争品牌家具的满意程度）

顾客：“嗯，还可以，材质、做工、款式都不错，就是价格有点贵了。”

家具销售人员：“那您觉得多少钱合适呢？”

（询问顾客的心理价位）

顾客：“嗯……4500 以内我还能接受。”

家具销售人员：“姐，这款衣柜是我们今年的最新款，它的材质是内置实木 + 中密度纤维板 +PU 环保底漆 +PU 环保面漆，材质不仅结实耐用，而且完全符合国家规定的环保标准，健康无害。很多顾客都抢着询问购买，在您来之前已经卖出去七八套了。”

（将家具的卖点和价值一一展现给顾客，并用家具的紧俏性激发顾客的兴趣，转移顾客对价格的关注）

范例 2

顾客：“这款衣柜多少钱？贵不贵？”

家具销售人员：“先生，我帮您打开柜门您先看一看。顺便请教一下，您这次购买衣柜主要是为了什么啊？是想装点一下新房子，还是原来的衣柜太旧了，不实用？还是其他什么原因？”

（跳过顾客对价格的关注，询问顾客购买家具的目的，为接下来的推介做准备）

顾客：“哦，我刚刚买了婚房，所以想买一款新衣柜装点一下。”

家具销售人员：“原来是这样啊，结婚装修新房可是一件既开心又麻烦的事情！对了，您比较看重衣柜的什么方面呢？是材质、款式还是功能？”

（询问顾客购买家具看重的因素，为接下来的推介做准备）

顾客：“都很看重，设计要时尚、大气一点，功能要实用一点，容量要大一点。你也知道，结婚要买很多新衣服，衣柜小了装不下。”

家具销售人员：“我明白，请问您放衣柜的房间有多大面积？”

顾客：“×× 平方米。”

家具销售人员：“先生，根据您刚才描述的情况，这款衣柜其实挺合适的。您看，它设计时尚、大气，每个细节都独具匠心，而且它的空间利用率非常高，比如这几个抽屉的设计……由于设计巧妙，它比普通衣柜的使用面积大了 20% 左右……”

（根据顾客的需求和情况，将家具的卖点和价值一一展现给顾客）

顾客：“嗯，这衣柜多少钱啊？”

家具销售人员：“×× 元。”

（由于顾客已经对家具了解得足够清晰、透彻了，所以适时向顾客报价）

范例3

顾客："这款衣柜多少钱？贵不贵？"

家具销售人员："先生，这款衣柜看起来很有品位和档次，非常适合您这样讲究生活品位的男士，对吗？"

（预先框视顾客是一位讲究生活品位的成功人士）

顾客："嗯，还不错，我挺喜欢的。最低多少钱？"

家具销售人员："我们的家具实行全国统一定价，平时是很少打折的，不过按照总公司的营销规划，这段时间正好是促销期，全场家具均9折销售。您看，这么高档、时尚、大气的衣柜，恰好碰上促销期，真是千载难逢的好时机啊！像您这么聪明的人，一定会在最合适的时间做决定，对吗？"

（预先框式顾客会做出明智的购买决策）

顾客："嗯，促销期到什么时候结束？"

家具销售人员："这款衣柜属于我们公司的限量版，售完即止。如果您真心喜欢，我建议您现在就把它买下来，因为目前只剩下最后3件了。"

（用家具是限量版、人气高、很抢手，增加顾客对家具的认可度和满意度，激发顾客的购买热情和欲望）

顾客："嗯，你就告诉我，打完折多少钱吧！"

（顾客对家具销售人员的介绍流露出不耐烦的神情）

家具销售人员："××元。"

情景 47

顾客对家具很满意，但听到报价后转身就走

情景描述

顾客看上了一款电脑桌，并且对电脑桌的材质、款式、颜色等都很满意，但是听了家具销售人员的报价后，转身就走。

⊗ 错误应对

1. “这款电脑桌挺好的呀。”

（顾客关注的重点是价格，这种说法没有抓住顾客的关注点，很难说服顾客留下）

2. “先别急着走，便宜点的电脑桌我们也有。”

（这种说法的言外之意是顾客买不起贵的电脑桌，只能买些便宜货，会让顾客觉得很没面子，顾客听到这种话后通常会坚决离开）

3. “如果您诚心买，价格可以再商量商量。”

（这种还没有明确顾客的真实想法就主动让价的做法，会让顾客觉得家具销售人员的报价含有很大的水分，其后果要么是激发顾客讨价还价的欲望，要么是引发顾客的信任危机，导致顾客的流失）

4. “谢谢光临，请慢走！”

（这是一种消极应对，没有对顾客做任何挽留和引导就放弃了）

情景解析

顾客听到家具销售人员的报价后转身就走，往往有以下两种可能：一是价格超出了顾客的预算，顾客觉得接受不了；二是顾客觉得货次价高，

家具的价值跟价格不匹配。

当顾客对家具的质量、做工、材质、款式等各方面都很满意，只是对价格不甚满意或者觉得价格超出了其预期而打算离开时，家具销售人员首先应该礼貌、真诚、委婉地询问顾客打算离开的原因，然后再针对顾客说出的原因采取相应的处理措施。

对于购买能力有限的顾客，家具销售人员可以先探询一下顾客的心理预算是多少，然后再向其推介价格相应但款式、材质等类似的家具。一般来说，只要家具销售人员的介绍到位，在顾客心理预算的基础上再提高20% ~ 40% 的价格是完全有可能成交的。

对于认为家具的价值与价格不匹配的顾客，家具销售人员需要重新探询顾客的需求，然后根据顾客的需求，更详实、更全面地介绍和展现家具的独特优势和卖点，并且要对顾客特别关注的点进行重点、集中、反复的介绍，比如顾客特别关注家具的材质，就重点多介绍几遍家具在材质上有哪些独特的优势和卖点。

范例 1

顾客：“这套电脑桌多少钱？”

家具销售人员：“1380 元。”

顾客：（转身离开）

家具销售人员：“先生，请留步。我可以向您请教一个问题吗？我看这款电脑桌您挺喜欢的，但您却一言不发就要离开，请问是不是我有什么介绍不到位或服务不周到的地方，影响您购买了？您不妨告诉我，以便于我更好地改进我的工作和服务。谢谢您了！”

（礼貌、真诚、委婉地询问顾客打算离开的原因）

顾客：“哦，没有，我只是觉得价格有点高了。我在其他家具店看过材质和款式类似的电脑桌，才 900 多点，所以……”

家具销售人员：“哦，原来如此。那先生，我想请问一下，您平时使用电脑桌比较看重电脑桌的哪一方面，是材质、做工、款式还是它的环保性？”

（重新探询顾客的需求）

顾客：“材质和环保性吧。”

家具销售人员：“先生，其实我们这款电脑桌采用的是××材质，这种材质的优点是……而且这款电脑桌保留了木材的天然花纹，没有任何刺激性气味，环保等级达到了国家要求的E1级，E1级是国家强制性的健康标准，是国家强制实行的‘安全标准线’，所以您可以放心选购和使用。”

（根据顾客的需求，更详实、更全面地介绍家具的独特优势和卖点，并且对顾客特别关注的点进行重点介绍）

范例2

顾客：“这套电脑桌多少钱？”

家具销售人员：“1380元。”

顾客：（转身离开）

家具销售人员：“先生，请稍等一下！您刚才试用的这款电脑桌挺不错的啊！请问是不是我有什么介绍不到位或服务不周到的地方，所以影响您购买了？”

（礼貌、委婉地试探顾客打算离开的原因）

顾客：“不是，我就是觉得价格方面不太合适，超出了我的预算。”

家具销售人员：“那么请问您的心理预算是多少呢？”

（探询顾客的心理预算是多少）

顾客：“1000元钱以内吧。”

家具销售人员：“哦，原来是这样啊。按照您说的这个预算水平，我个人建议这款挺合适的，它的材质和款式都非常不错，性价比也比较高，买的人也很多……”

（根据顾客的预算水平，向顾客推荐价格水平相当的家具）

情景 48

顾客说“家具很不错，就是价格太贵了”

情景描述

顾客看中了一款整体橱柜，但是一听家具销售人员的报价，顿时犹豫起来：“这款橱柜的款式、质量、做工还不错，就是价格太贵了。能不能便宜一点？”

⊗ 错误应对

1.“这已经是最低价了，没办法再给您便宜了。”

（这种说法等于直接拒绝了顾客的砍价请求，会大大降低顾客的购买热情）

2.“嗯，这套橱柜的确是贵了一点，但一分价钱一分货啊，好家具当然不会便宜啦！”

（这种说法过于机械、平淡，顾客早已经听腻了，对顾客没有任何说服力）

3.“这个价格已经相当便宜了，您要是嫌贵，就去其他家具店看看，比较一下。”

（这种说法对顾客缺乏礼貌和尊重，而且有向顾客下逐客令的味道，很容易激起顾客的不满，甚至导致顾客当场离去）

4.“这样的价格还算贵啊，那您打算多少钱要呢？”

（这种反问的口吻会给顾客一种咄咄逼人的感觉，而且会使家具销售人员过早地陷入价格谈判的被动局面，大大增加销售的难度）

情景解析

当顾客提出“家具不错，就是价格太贵了”等诸如此类的异议时，通常说明他对你推介的家具已经有了初步的了解和认可，但家具销售人员此时千万不可掉以轻心，在销售实践中，因为价格谈不拢而走掉的顾客不在少数。因为顾客作为消费者，肯定希望自己买到的商品是物超所值、物美价廉的，尤其是像买家具这种大宗消费品，一旦议价成功，就可以省下一大笔钱。因此，家具销售人员报价后，即使价格很合理，顾客也依旧会提出价格方面的异议，进而索要优惠。

那么，遇到这种情况时，家具销售人员该如何应对呢？

销售专家指出，顾客对家具的兴趣度和满意度越强，对价格问题的考虑就越少。因此，对于这类顾客，家具销售人员千万不要在价格上与其纠缠，而应该采取“先价值后价格”的策略，即要着重向顾客强调家具的优点和价值，进一步强化顾客对家具卖点的认可，从家具的质量、做工、材质等多方面，让顾客觉得家具确确实实值这个价钱甚至物超所值，让顾客清晰地了解他所能得到的利益和好处，这样顾客自然就不会嫌贵了。

在这个过程中，家具销售人员必须了解顾客的核心需求和家具的核心卖点是什么。当顾客提出异议时，先对顾客表示理解，然后把顾客的异议点转向家具的核心卖点，并将顾客的核心需求与家具的核心卖点结合起来，向顾客反复强调，以刺激顾客的神经，促使顾客做出购买决定。

在介绍过程中，为了提高可信度和说服力，家具销售人员还可以同时采用比较法、拆分法等，让顾客感受到家具卖这个价格是物超所值的，并可适当引用一些感性的数值，或做一些辅助性的演示工作。也可以先了解一下顾客的心理价位与报价之间的差距，然后将这个差距的数值按照使用时间平均分摊到每一天当中，这样相对的数字就会小很多，顾客就不会觉得贵了。如果顾客表现出动摇或认可的迹象，就立即引导、建议顾客成交。

话术示范

范例1

顾客："这款橱柜的款式、质量、做工还不错，就是价格太贵了。能不能便宜一点？"

家具销售人员："姐，您有这种想法我非常理解，有很多顾客听到报价后，都会产生这样的想法。确实如果单从价格来看的话，会让人有这种感觉。但是我们的价格高有高的原因，因为我们的家具在质量上确实做得不错，不管是在款式上，还是材质、做工上都是一流的，所以很多顾客都特别喜欢，有时候还会介绍朋友过来呢！"

（先对顾客的感受表示理解和认同，然后向顾客解释价格高的原因，强调家具的优点和卖点）

顾客："嗯。"

家具销售人员："姐，我想您一定也明白买对一样东西胜过买错三样东西的道理，如果买一套橱柜只用一两年就不能再用了，这样反而更不划算，您说是吧？"

顾客："嗯。"

家具销售人员："您再看这款橱柜，是我们店主推的豪华套餐，包括一个3米的地柜、一个3米的台面和一个1米的吊柜。材质是美国进口红橡木的，属于美式乡村风格，而且它的材质非常环保，属于超E0级环保等级。您买回去后可以用十几年甚至更长时间，用着绝对安心、放心。这样算起来其实还更便宜呢！您说是不是？"

（从家具的质量、做工、材质等方面，引导顾客认识到家具的优点和价值，以及能给她带来的利益和好处）

顾客："嗯。"

家具销售人员："来，姐，请问您是付现金还是刷卡？"

（利用选择成交法引导顾客成交）

范例2

顾客:"这款橱柜挺不错的,我喜欢松木家具这种自然的感觉。就是价格太贵了,能不能便宜一点?"

家具销售人员:"先生,您对家具真是很内行啊!松木家具是所有家具中最自然的,都能闻到松木的天然香味。为了您和您家人的健康,我建议您尽快把这款橱柜买下来。"

(先对顾客进行赞美,然后抓住顾客的核心需求,强化家具的最强卖点——自然环保)

顾客:"嗯,能不能多打点折啊?"

家具销售人员:"先生,我们的家具都是全国统一价,如果您出去比较一下,就会发现我们的家具其实真的很实惠。而且,我们的家具在健康环保方面做得非常专业、到位,能给您一种回归自然的感觉,这一点是非常难得的,您说呢?"

(再次向顾客强调家具的最强卖点)

顾客:"你就再想想办法呗,我是诚心想要。"

家具销售人员:"先生,这套橱柜的质量在同类品牌中绝对是数一数二的,可以保证您使用15年以上。咱们就按10年来计算,一年还不到1000块钱,一天还不到3块钱,这点钱每天少抽两支烟就出来了。您想想,每天只花3块钱就买回来一套在未来十几年里都放心的橱柜,您可以享受十几年健康自然的家居环境,您难道认为不值吗?"

(继续引导顾客了解家具的优点和价值,并运用价格拆分法,让顾客感觉物超所值)

顾客:"嗯,这样算下来倒是不算贵。"

家具销售人员:"先生,那请您稍等片刻,我马上给您开单!"

(运用假设成交法引导顾客成交)

范例3

顾客:"这款橱柜确实挺不错的,就是价格太贵了。能不能便宜一点?"

家具销售人员：“先生，只有最好的品质才能卖最贵的价钱，您说是吗？”

（避开顾客的压价请求）

顾客：“嗯。”

家具销售人员：“对呀，前几天有一位赵先生来我们这里买家具，他的看法和您一样，特别喜欢这款橱柜，就是觉得价格有点贵。后来，他去很多地方进行了考察和比较，结果比来比去，最终还是买了我们的。您知道这是为什么吗？”

（利用其他顾客的成交案例勾起顾客的好奇心，为引导顾客了解家具的卖点和价值做铺垫）

顾客：“为什么？”

家具销售人员：“先生，买家具最主要的是买五个方面：第一是结实耐用，能使用尽量长一点的时间；第二是能美化家庭环境，使家庭氛围美观、温馨；第三是文化内涵能体现主人的身份和品位；第四是真正环保，保障家人的健康和幸福；第五是质量可靠，服务可信，让人用着放心、安心。您说对吗？”

（引导顾客了解家具的卖点和价值）

顾客：“嗯，对。”

家具销售人员：“对啊，正因为我们的橱柜做到了这五点，所以它才是物有所值的。其实我跟您一样，希望能以最低的价格买到最好的家具，但我从未发现任何一家公司以最低的价格提供最高品质的产品和服务。如果您少花一点钱买到品质不好的橱柜，最终反而会投入更多。您认为呢？”

（用家具的优点和卖点，让顾客感到家具的价格是物有所值的）

顾客：“嗯。”

家具销售人员：“先生，只要多花1000多元就能买回一套称心如意的好橱柜，多值啊！”

（向顾客强化物有所值，促使顾客做出购买决定）

情景 49

顾客说“我只是在租住的房子里用，没必要买这么贵的家具”

情景描述

一位很有气质的顾客走进家具店买衣柜，家具销售人员向他推荐了一款高端、大气的衣柜，顾客问了问价格，摇摇头说：“还是算了吧，我只是在租住的房子里用，没必要买这么贵的衣柜。”

⊗ 错误应对

1. “其实这款衣柜根本算不上贵，更贵的我还没给您介绍呢 / 其实这款衣柜在我们店只能算很一般的，更好的我还没给您介绍呢！”

（这类说法的言外之意是顾客没档次、没见识，竟然把家具销售人员眼里的便宜货说成高档货，这对顾客来说是一种贬低，会让顾客觉得很没面子）

2. “那我带您去那边看看吧，那边全是特价品。”

（这种说法的言外之意是“既然您买不起贵的，那咱们就去看看便宜的吧”，这对顾客来说是一种嘲笑和贬低，很容易伤害顾客的自尊心，让顾客觉得颜面尽失）

情景解析

面对家具销售人员的推介，顾客之所以会提出不需要买这么好的家具，通常有以下两种可能性：一是顾客想以此为借口向家具销售人员索要优惠。对于这种顾客，家具销售人员要顺着顾客的思路进行说服，告诉顾客这么好的家具才卖这个价钱已经非常实惠了，然后再向顾客强调家具的卖点和利益，提高顾客对家具的兴趣和需求。二是家具对于顾客来说确实太贵了，顾客缺乏足够的支付能力。对于这种顾客，家具销售人员应该向顾客推荐款式和风格类似、适合顾客需求但价格稍低的家具，不过一定要在照顾顾客自尊和面子的前提下不动声色地进行，语言一定要委婉、含蓄，千万不要让顾客觉得没面子，有被羞辱的感觉，否则很容易引发顾客的不满，导致销售的失败。

范例 1

顾客：“还是算了吧，我只是在租住的房子里用，没必要买这么贵的衣柜。”

家具销售人员：“是的，您真是挺有眼光的，这款衣柜的质量确实非常不错，款式也比较大气、时尚，而且我们现在正在做 5 周年店庆大酬宾活动，这款衣柜现在只卖 4000 元，相当于在原价的基础上打了个 7 折，真的非常划算，您看它的材质……它的做工……”

（赞美顾客，同时用店庆优惠和家具的卖点提升顾客的购买兴趣）

范例 2

顾客：“还是算了吧，我只是在租住的房子里用，不需要买这么贵的衣柜。”

家具销售人员：“姐，您是觉得这款衣柜价格有些高了吗？”

顾客：“是啊！花 6000 多块钱买一个衣柜放在出租房里，我觉得太奢侈了。”

家具销售人员：“没关系，其实我们店还有几款和这款衣柜类似的款式，虽然材质比这款稍差一点，但绝对结实耐用，性价比非常高。来，姐，请跟我来。”

（在照顾顾客自尊和面子的前提下，委婉、含蓄地向顾客推荐款式类似但价格稍低的家具）

情景 50

顾客说“这款橱柜我上次来还打折呢，怎么现在又贵了啊”

情景描述

顾客在家具店内转了一圈，然后指着其中一款橱柜向家具销售人员问道：“这款橱柜我上次来还打折呢，怎么现在又贵了啊？”

⊗ 错误应对

1.“不可能，这款橱柜一直是这个价，怎么可能打折呢！”

（这种说法是在怀疑顾客说谎，是对顾客诚信的否定，会伤害顾客的自尊心）

2.“现在物价一直在涨，家具也不例外，这阵子比前阵子涨了不少呢。”

（顾客听到这种说法，会觉得现在买家具不划算，从而产生观望的想法，甚至直接放弃购买）

3.“什么时候的事情啊？我不记得这款橱柜打过折，是您记错了吧？”

（这种说法有不尊重顾客的味道，尽管顾客可能真的记错了，但是对顾客最基本的尊重还是应该有的，否则不但难以消除顾客的价格异议，而且还会引起顾客的反感）

情景解析

在议价过程中，当顾客提出之前以“折扣价”看过同样的家具时，通常有以下几种情况：一是顾客看家具时家具店正好有几款家具在做特价促销；二是顾客看的家具虽然是同款，但材质、质量比较差，所以价格相对低一些；三是顾客故意杜撰出这样一个“事实”，以此作为压价的依据。

遇到这种情况时，家具销售人员首先要判断一下顾客所说的情况是否属实，判断的方法很简单，只要向顾客询问一下看家具的时间，然后观察顾客的反应即可，如果顾客支支吾吾回答不上来，那么说明顾客十有八九在说谎；如果顾客能回答出看家具的具体时间，那么说明顾客说的情况十有八九是真的。

如果顾客说的情况是假的，那么家具销售人员也不要当场拆穿顾客，而应该顺势用同款家具过去的成交数据，让顾客知道这款家具的平均价格。同时为了保全顾客的面子，家具销售人员还要给顾客一个台阶下，比如告诉顾客他看的家具可能是另一款款式相同但材质不同的家具，是顾客记错了。这样不仅能给顾客的“谎言”一个合理的解释，同时还能向顾客证明你的报价是合理的。

如果顾客说的情况是真的，家具销售人员可以从以下几方面向顾客作出解释：告诉顾客前段时间家具店因为搞店庆或节日促销，所以有几款家具做特价销售，顾客看到的可能是那些特价产品，而店庆或促销活动现在已经结束了，从而降低顾客的期望值；向顾客分析不同家具之间的差异，告诉顾客家具的材质、做工、质量等外在因素都有可能影响到家具的价格；向顾客分析市场行情，告诉顾客由于生产和经营成本的增加，家具的价格较之以前确实变贵了。

范例 1

顾客：“这套橱柜大概在什么价位？”

家具销售人员：“3088。”

顾客：“这么贵？我上次也是在你们店看的这套橱柜，才 1000 多点！怎么现在又贵了啊？”

家具销售人员：“啊？ 1000 多？不会吧，这么便宜？您什么时候看到的啊？”

（通过询问看家具的具体时间，判断顾客所说的情况是否属实）

顾客：“呃……这个我也记不太清了，反正比现在便宜很多。”

家具销售人员：“据我们统计的销售数据，近三个月这套橱柜的平均售价都在3100左右。您看到的应该是同款但不同材质的另一款吧？要不然不可能这么便宜。”

（用家具的平均售价否认顾客所说价格的真实性，并立即给顾客的说法提供一种合理的解释，以保全顾客的面子）

顾客：“这个我倒不清楚。”

家具销售人员：“我想一定是这样的。要不然，按照市场价格，这套橱柜这么便宜肯定是买不到的。”

范例2

顾客：“请问这套橱柜多少钱？”

家具销售人员：“3088。”

顾客：“这么贵？我前段时间来看过一次，就是这套橱柜，才1000多！怎么现在又贵了啊？”

家具销售人员：“啊？1000多？不会吧，您看旁边这套橱柜，上午刚刚卖出去两套，价格是3288，材质虽然和这套一样，但是款式还不如这套。”

（用具体的成交案例否认顾客所说价格的真实性）

顾客：“哦，是吗？”

家具销售人员：“您看的橱柜可能和这一套同款，但是材质不一样，如果是不同材质的，那倒完全有可能。我们店现在就有一套您说的那个价位的，要不我带您去看看？就在那边的促销区。”

（给顾客的说法提供一种合理的解释，给顾客个台阶下）

范例3

顾客：“这套橱柜多少钱啊？”

家具销售人员：“3088。”

顾客："3088？也太贵了吧！我前阵子就在你们家看的橱柜，和这套一模一样，才1000多！"

家具销售人员："啊？1000多？不会吧，这么便宜？请问您是什么时候看到的啊？"

（通过询问看家具的具体时间，判断顾客所说的情况是否属实）

顾客："大概就在两个月前的周末。"

家具销售人员："哦，我知道了，那天我们的确搞促销活动来着，不过促销活动现在已经结束了。"

（用促销活动已经结束降低顾客的期望值）

顾客："就算不促销了，一样的橱柜差价也不至于这么大吧？"

家具销售人员："先生，那您看看这套橱柜，再看看旁边那套，觉得哪个更好？"

顾客："看着一样啊，没什么不同。"

家具销售人员："先生，您仔细看看它们的纹理，再摸摸它们的材质，就能感觉出区别来了。这边这套是美国进口红橡木的，红橡木有两个优点：一，木质硬，稳定性强，耐磨损，耐腐蚀，吸水性强，做出来的家具经久耐用；二，色泽淡雅、纹理清晰，做出来的家具时尚、高端、大气。而旁边那套材质就很一般了，是国产榆木的……"

（用不同家具的材质差异对顾客的价格异议作出解释）

顾客："那也不至于高2000多这么多吧？"

家具销售人员："先生，刚才您也说了，您是两个月前看的。今年以来，由于工人工资和各种木材价格一直走高，实木家具的价格也一路攀升，尤其是黄花梨、紫檀、大红酸枝等高端红木家具。因为原材料紧缺，家具企业面临无米下锅的困境以及原材料价格上涨的压力，涨价幅度达到了80%以上，完全可以用"疯涨"来形容。家具的生产和经营成本一直在不断增加，我估计您过两个月再来看，这套橱柜的价格肯定又会跃上一个新高度。您也不希望两个月后再多花几千块钱买同一款橱柜吧？"

（用市场行情消除顾客的异议）

情景 51

顾客说“你们的家具跟其他品牌也没多大区别啊，怎么卖这么贵”

情景描述

顾客看上一款家具，但是听到家具销售人员的报价后，大吃一惊：“你们的家具跟其他品牌也没多大区别啊，怎么卖这么贵？”

⊗ 错误应对

1.“一分价钱一分货，他们的家具怎么能和我们的比，根本不是一个档次的。”

（这种说法不仅空洞、缺乏说服力，而且有贬低竞争对手和藐视顾客品位的味道，是家具销售人员缺乏职业道德的表现）

2.“我们是全国知名品牌，买我们的家具质量和服务有保障。”

（这种说法有“自卖自夸”的嫌疑，不但对顾客缺乏说服力，而且容易导致顾客的不信任感）

3.“虽然表面看着差不多，但实际上我们的质量比他们的好，做工也比他们的精细。”

（这是一种用贬损对手抬高自己的说法，不但难以消除顾客的异议，而且容易引发顾客的信任危机）

4.“您觉得人家便宜，那您去人家买好了！干吗要到我们这儿来？”

（这是一种“驱赶顾客”的说法，其结果多半是把顾客赶到竞争对手那里）

5. “价格咱们可以再商量商量的。”

（这种主动让价的做法，是家具销售人员缺乏底气和自信的表现，而且会让顾客觉得你的报价含有很大的水分，从而诱发顾客的不信任感和砍价的欲望）

情景解析

很多顾客买家具时不仅喜欢“货比三家”，而且经常搬出其他家具店的优势来试图压低家具销售人员的报价。他们最常见的说辞就是“你们的家具跟其他品牌也没多大区别，可价格却比他们贵多了”。

顾客之所以提出这样的异议，一般有以下几种情况：第一是顾客没想到家具的价格那么高，所以觉得吃惊、不可思议；第二是家具的价格超出了顾客的承受能力；第三是顾客不知道家具为什么这么贵，贵在何处。这说明在与顾客的沟通中，家具销售人员没有将家具独特的优势与卖点向顾客有效展示出来，让顾客信服，而这种情况在销售实践中占到了 80% 的比重。

遇到这种情况时，家具销售人员千万不要一着急就语无伦次地胡乱解释或进行无谓的争辩，而应该保持冷静，摸清顾客说这种话的真实意图，同时通过善意的提醒和巧妙的话术，将顾客的注意力转移到家具的卖点和价值上。

销售专家指出，顾客的消费潜力可以激发到其购买预算的 150% 左右，这也就是说，顾客在不同的家具店和家具品牌之间进行价格比较时，考虑更多的并不是那几百、几千块钱的差价，而是这个差价是否真正值得付出。很多顾客其实更愿意多花些钱买一件更有品质、更有档次的家具。因此，家具销售人员千万不要因为自己的品牌比竞争品牌的价格高就放弃顾客，而应该积极地将自己品牌的独特优点、卖点和价值向顾客展示出来，让顾客觉得你的家具是物有所值甚至物超所值的，以推动顾客成交。

在向顾客介绍、展示的过程中，家具销售人员要尽量让顾客亲自去体验、感受家具的质感和效果，这样顾客才会觉得可信。同时为了刺激顾客，家具销售人员要善于向顾客描绘一种感性价值，展现一幅美好的生活图景。

需要强调的是，当顾客提出类似的异议时，家具销售人员千万不要因为受到一点刺激就冲动起来，脱口而出对竞争品牌进行攻击和贬低，这不但起不到说服顾客的作用，还会引起顾客的反感，降低家具销售人员在顾客心目中的形象，甚至影响家具店的品牌形象。

话术示范

范例1

顾客："你们的家具跟其他品牌也没多大区别，可是价格却比人家的贵多了！"

家具销售人员："先生，您真是够细心的，观察得这么仔细。也许从表面上来看，很多品牌的家具确实和我们相似，但家具的优劣好坏不能单纯通过外观来看，而需要从多个角度来判断，比如所用的材料、所选用的工艺、做工的精细程度等。"

（先认同和赞美顾客，以赢得顾客的好感，然后引导顾客将注意力转移到家具的卖点和价值上）

顾客："可是你们的价格高得有点离谱了吧？"

家具销售人员："先生，您信不信有些质量与我们差不多的品牌家具，比我们的价格还要高出一倍？"

顾客："这个我信。"

家具销售人员："这就对了。我们的家具和其他品牌之所以在价格上有所差异，其实主要体现在材质和做工上，做工好不好、精致不精致，材质结实不结实、环保不环保，顾客用起来感受就会不一样。其实您只要仔细观察，就能发现很多细微的差别，比如您看我们的材质……做工……外观……当然，感受到底如何还需要您亲自体验一下才能知道，来，先生，您摸一摸……敲一敲……再闻一闻，感觉怎么样？"

（将家具的独特优点向顾客展示出来，并引导顾客对家具进行体验，

让顾客觉得家具卖这个价是物有所值的）

顾客："嗯，感觉还不错。"

家具销售人员："先生，家具放在家里，其实除了盛放东西以外，更多的是一种装饰品。每天让自己和家人生活在一个美丽、优雅、温馨的家庭环境里，您一定会很享受这种感觉的！"

（向顾客描绘一种感性价值，展现一幅美好的生活图景）

范例 2

顾客："你们的家具跟其他品牌也没多大区别啊，怎么卖这么贵？"

家具销售人员："先生，您有这种想法我非常理解，我们的家具在价格上确实比其他品牌要贵一些，甚至贵不少呢！"

（先认同顾客的感受，然后卖个关子，勾起顾客的好奇心）

顾客："怎么呢？"

家具销售人员："贵当然有贵的理由啦！比如我们所选用的材质……我们的烤漆工艺……我们的做工……我们的独特设计……我们的家具有很多细节都是非常讲究、与众不同的！前几天有几位顾客也提出过跟您一样的问题，不过他们最终还是选择了我们的家具，因为他们在对比之后发现，我们的家具在材质、做工等细节方面还是有很多不同的。当然，光听我空口说白话您可能没什么感觉，家具一定要亲身体验才能感觉出差异来。来，先生，您摸一摸，是不是感觉质感不一样啊？再敲一敲，是不是感觉厚度不一样啊？再闻一闻，是不是几乎闻不出什么刺激性的气味啊？"

（向顾客强调家具的独特卖点和优势，并通过其他顾客的例子向顾客强调家具的差异性优势，同时引导顾客对家具进行体验）

顾客："嗯。"

家具销售人员："先生，您想象一下，把这么具有自然气息和田园味道的家具摆在您家里，您一定会感觉很放松、很自由、很清爽的，就像置身于乡间的田野中一样！"

（向顾客描绘一种感性价值，展现一幅美好的生活图景）

情景 52

顾客说“很多品牌的家具都在打折，你们怎么什么优惠也没有”

情景描述

顾客看中了一款家具，向家具销售人员索要折扣，但是被家具销售人员拒绝了，顾客很不满意地说：“很多品牌的家具都在搞打折活动，你们怎么什么优惠都没有啊？”

⊗ 错误应对

1. “现在没有打折活动，可能过一阵子会有 / 我们的打折活动刚刚结束了。”

（这种语言属于消极的拒绝性语言，等于在暗示顾客过段时间再来买比较划算，会在很大程度上降低销售的成功率）

2. “对不起，我们的家具实行全国统一售价，从来不打折。”

（这种说法无异于告诉顾客想打折没门，会让顾客有一种碰壁的感觉，从而大大降低顾客的购买热情和积极性）

3. “我们的家具只针对 VIP 顾客有折扣，对普通顾客没有。”

（这种把顾客分为“三六九等”、对顾客区别对待的做法，会让顾客觉得自己受到了轻视和不尊重，从而导致销售的失败和顾客的流失）

4. “别的店是别的店，我们店是我们店。”

（这种说法显得非常生硬和强势，而且没有说出不打折的具体理由，不但难以说服顾客，而且容易引发顾客的不满）

5. “他们那是一种招揽顾客的手段，我们不搞那些华而不实的东西，其实羊毛出在羊身上，您根本占不到什么便宜！”

（这种说法有恶意诋毁竞争对手的嫌疑，不仅会降低家具销售人员的人格，还会让顾客对家具销售人员的职业道德产生质疑）

情景解析

顾客之所以提出“其他家具店都在打折，为什么就你家不打折”的折扣异议，通常有以下两种可能：一种只是习惯性地问一下，目的在于向家具销售人员证明自己很了解市场行情，希望家具销售人员不要在自己面前虚报高价；另一种是顾客已经看到其他店在搞打折活动，而其本身又是一个价格敏感者，所以希望家具销售人员给予自己一定的价格优惠。

当顾客提出类似的异议时，不管顾客说的是不是事实，家具销售人员都不要在折扣问题上纠缠不清，而应该先对顾客的想法表示理解和认同，然后迅速转移话题，将顾客关注的焦点转移到家具的卖点、价值和是否符合顾客的需求上，围绕家具的独特卖点、服务优惠等方面向顾客作出解释说明，以取得顾客的理解和认同，最后要不失时机地引导顾客对家具进行试用和体验。

如果顾客对折扣问题比较执着，家具销售人员在不超出自己权限范围和不损害公司利润的情况下，可以给予顾客适当的折扣优惠；如果确实不能给顾客折扣，则要向顾客说明不能打折的具体理由，并用其他优惠形式，比如申请赠品等，争取顾客的理解和认同。

需要特别强调的是，当顾客提出类似的异议时，家具销售人员千万不能对竞争品牌进行攻击和诋毁，这样做不但有损自己的职业道德和专业形象，而且会损害公司的声誉和形象。一旦顾客心里对你产生负面印象，就等于将顾客推到了竞争品牌的“怀抱”。

话术示范

范例 1

顾客：“你们家的家具怎么这么贵啊，很多家具店都在打折，你们怎么什么优惠都没有？”

家具销售人员：“先生，您的想法我非常理解，也非常感谢您的宝贵意见。我会立即把您的意见反映给公司领导，尽快在折扣方面满足更多顾客的要求。不过话又说回来，我觉得除了折扣之外，其实更重要的还是家具本身是否令您满意，毕竟和家具质量相比，价钱是相对次要的，您说是吧？”

（先对顾客的想法表示理解和认同，然后将顾客关注的焦点转移到家具的卖点和价值上）

顾客：“嗯，那倒是。”

家具销售人员：“先生，您可能不经常光顾我们店，其实我们家有很多多年的老顾客，他们都知道我们的家具价格一直非常稳定，而且我们的家具做的是品质和服务，不像其他品牌的家具会经常做一些折扣活动，这样对顾客来说也不公平，您说是吧？”

（以老顾客做例子，消除顾客的异议）

顾客：“嗯，这倒是。”

家具销售人员：“您以后多光顾一下我们家具店，相信您会慢慢喜欢上我们的品牌的。我们的家具虽然在价格上稍微高一点，但却是物有所值的，您看它的做工……材质……款式……都是一流的，保证您用着放心、舒心。而且按照您刚才描述的要求，这款家具简直就像为您家量身定做的一样。”

（围绕家具的卖点向顾客解释不打折的原因）

家具销售人员：“先生，您不妨选一件看得上眼的试用一下，觉得合适您就拿着，不合适您就当作个比较，作个参照。”

（引导顾客进行试用和体验）

范例 2

顾客：“你们的家具怎么这么贵啊，很多家具店都在打折，怎么就你家不打折呢？”

家具销售人员：“先生，非常感谢您的提醒和建议，这方面我们确实有做得不到位的地方。其实一个家具店打折的原因有很多，比如店庆、节庆、处理库存等，不同的家具公司会根据各自不同的情况，采取不同的优惠形式回馈顾客。不过我们公司现在暂时还没有这方面的计划，而且我们的家具实行的是全国统一定价，我们之所以不轻易打折，是希望以实实在在的价格对每位顾客负责，不致出现同样的家具价格不统一的现象，这样才能保证顾客买到的家具无论何时都是最真实、最放心的价格！不过话又说回来，我们公司一直都把精力放在了家具的品质和服务上，所以虽然我们在折扣方面做得差一点，但顾客的满意度还是很高的，回头客也非常多。”

（先对顾客的意见表示理解和认同，然后委婉地向顾客强调己方的优点——家具的品质与服务）

顾客：“嗯，也有道理。不过这款家具的价格实在有点高了，我是你们的老顾客了，难道就不能破例给个特殊折扣价吗？我知道你们利润很高，怎么能一点折扣都不打呢？”

家具销售人员：“先生，现在厂家供应价格在涨，店铺租金也在涨，哪里还有什么高利润可言啊！再说您也知道，只有不轻易打折的家具才是真正值得信赖的家具，对吧？”

顾客：“你就再给想想办法吧。”

家具销售人员：“先生，既然您都说到这个份上了，那我就帮您向店长申请一下，看看能不能给您个特别折扣？”

（在不损害公司利润的前提下，为顾客申请适当的折扣优惠）

范例3

顾客：“很多家具店都在打折，你们又不是什么顶级品牌，怎么一点折扣都没有呢？”

家具销售人员：“先生，您有这样的想法我非常理解。其他品牌的某些特价家具确实要比我们便宜，但打折只是他们营销策略的一部分，他们只是针对某些旧款家具或滞销品打折而已，但款式未必是您喜欢的。其实家具厂家的价格政策各不相同，有的实行高定价不打折，有的实行高定价再大幅打折，而我们家具的定位本身就是比较中端的，所以我们标的价格也比较实在。”

（先对顾客的想法表示理解，然后用价格策略向顾客解释不打折的原因）

顾客沉默。

家具销售人员：“其实买家具关键还得看您的需要。根据您刚才描述的家居环境和装修风格，我觉得我们这款家具还是很合适的，您看它的工艺……款式……材质……给人的整体感觉就是典雅、自然，和您家的装修风格可谓相得益彰！”

（从工艺、款式、材质等方面向顾客介绍家具的卖点和价值，转移顾客对折扣的注意力）

顾客：“可是人家都打折，你们一点折扣都没有，这也太不合理了吧？”

家具销售人员：“表面上的折扣其实并不代表家具是否真的实惠，我们也可以把价格定得很高，然后给您一个看上去很有吸引力的折扣，但我们不会那样去做，因为那不符合我们的价格政策。要不这样吧，为了感谢您对我们的支持与厚爱，我向我们的店长为您争取一点赠品，我们赠品有……这可是我们的底线了！”

（用赠品争取顾客的理解和认同）

情景 53

顾客说“像这种款式和材质的家具，网上只卖几百块钱，怎么你们卖这么贵啊”

情景描述

家具销售人员向顾客报价后，顾客摇摇头说：“像这种款式和材质的家具，网上只卖八九百块钱，怎么你们卖 3000 多？也太贵了吧！”

⊗ 错误应对

1.“网上的家具能和我们品牌直营店的比吗？”

（这种说法明显是在攻击同行竞争者，是家具销售人员缺乏职业道德的表现）

2.“根本不是一个档次的家具，价钱当然不一样了。”

（这种说法不仅有攻击、贬损竞争对手的嫌疑，而且有讥讽顾客不识货的嫌疑，很容易引起顾客的不满）

3.“您觉得网上便宜，干吗不在网上买，还到我们这儿来？”

（这种反问的语气隐含着对顾客的不尊重，会伤害顾客的自尊心）

情景解析

由于品牌、经营成本等方面的原因，即使家具的材质和款式大致相同，家具店的家具和网上销售的家具在价格上也会有较大的差异。但是，大部分顾客在选购家具时，往往只会看到材质、款式相同或相似的表象，而不会想到品牌、经营成本等方面的问题，所以当他们发现家具店的家具在价格上高于网上同款家具时，就会觉得难以接受，进而提出异议。

面对顾客类似的异议，家具销售人员首先要通过赞美赢得顾客的好感，然后从专业的角度向顾客解释价格存在差异的原因，同时向顾客介绍和展示家具的卖点、价值，让顾客认识到家具卖这个价是物有所值的，从而消除顾客的价格异议。一旦顾客表现出动摇或认可的迹象，家具销售人员就要积极引导顾客进行试用体验，利用家具的使用感受进一步消除顾客的疑虑，激发顾客的购买信心和欲望。

话术示范

范例1

顾客："像这种款式和材质的家具，网上只卖八九百块钱，怎么你们卖3000多？也太贵了吧！"

家具销售人员："嗯，姐，您真是个细心的顾客。现在网上确实有一些家具品牌在模仿我们的款式，所以经常有顾客会发出您这样的疑问。其实家具的价格差异不只是体现在款式和材质上，还体现在质量、做工和售后服务上，我们的家具在质量上……您再看它的做工……而且我们在售后服务方面承诺……买新家具本是为了用着安全、用着放心、用着舒心，如果您因贪图便宜买了一件质量或售后服务不太好的家具，不仅用着不放心、不舒服，而且会给您造成很多不必要的麻烦，那多不划算啊！您说是吧？"

（先赞美顾客，以赢得顾客的好感，然后从专业角度向顾客解释价格存在差异的原因，以消除顾客的价格异议）

范例2

顾客："像这种款式和材质的家具，网上只卖八九百块钱，怎么你们卖3000多？也太贵了吧！"

家具销售人员："嗯，姐，您这个问题真是提到点子上了，以前也有很多老顾客提出过类似的问题。现在网上确实有一些家具与我们的款式和材质相似，不过，我相信凭您的眼光和细心早就发现了，我们的家具和网上的家具还是有很多细节方面的差别的，这一点从家具的做工、纹理、烤漆工艺和售后服务上都能看出来。”

（先赞美顾客，以赢得顾客的好感，然后从专业角度引导顾客了解价格差异的原因，以消除顾客的价格异议）

顾客：“区别真有那么大吗？”

家具销售人员：“姐，光听我嘴上说您是体会不到的，家具一定要亲自试用一下才能体验出效果。来，姐，您坐下来感受一下！”

（引导顾客试用体验，争取用家具的高质量消除顾客的价格异议）

情景 54

顾客说“这家具又不是实木的，怎么这么贵啊”

情景描述

家具销售人员报价后，顾客摸了摸家具，说：“这家具不就是普通的板式家具吗？又不是实木的，怎么这么贵？”

⊗ 错误应对

1.“这就是您外行了，这可不是普通的板式家具/这怎么能是普通的板式家具呢？”

（这种说法不但没有对家具的材质问题作出详细解释，而且有嘲笑顾客不懂装懂的意思，不但难以消除顾客的异议，而且可能引发顾客的不满）

2.“我们的家具是国际大品牌，价格当然贵了。”

（这种说法有点答非所问——顾客说的是材质，而家具销售人员却用品牌来回应，很难消除顾客的价格异议）

3.“这还贵？您去别处看看，同样材质的家具比我们这里贵多了。”

（这种说法有嘲笑顾客没见过世面、不懂行情的嫌疑，会让顾客觉得很不舒服，甚至将顾客送入竞争对手的“怀抱”）

情景解析

世界上没有十全十美的家具，正是因为家具产品存在着种种不足，比如材质稍差、品牌不够知名等，家具销售人员才有了存在的价值和用武之地。家具销售人员要做的就是挖掘家具的优点和卖点，并将这些优点和卖点推介给顾客，促使顾客做出购买决策。

很多顾客由于受到传统购买经验的影响，在对所要购买的家具进行衡量时，总是认为板式家具的价格应该比较低，所以当他们发现板式家具标出较高的价格时就会觉得匪夷所思，接受不了，进而提出异议。面对顾客的异议，很多家具销售人员由于缺乏自信、底气不足，常常导致在后面的价格谈判中陷入被动地位，甚至导致交易的失败。那么，当家具销售人员推荐的家具在材质上确实处于劣势或存在不足时，该怎样反败为胜呢？

首先，家具销售人员不要急于跟顾客辩解，而应该先判断顾客是真的对家具的材质不满，还是只是想以此为借口寻求降价。对于想以此为借口寻求降价的顾客，家具销售人员首先要对顾客表示理解和认同，因为大多数顾客在家具方面都是非专业人员，对专业的材质知识通常只是一知半解或认识比较模糊，接下来要向顾客详细说明这种材质具有哪些特点、优点和功能，能给顾客带来哪些利益和好处。只有让顾客感觉到物有所值，顾客才不会觉得它贵。对于确实是对家具材质不满的顾客，家具销售人员要想办法探询顾客在材质方面的偏好和需求，然后根据顾客的需求向顾客推荐合适的家具。

需要注意的是，千万不要动辄就跟顾客打价格战。很多家具销售人员在销售过程中，错误地以为家具材质不好就不值钱，于是不断地向顾客让利，甚至一遇到谈判不利就亮出价格底牌。这是不对的，家具销售人员应该先让顾客深入了解家具的各种优点、卖点和价值，在此基础上适当辅以价格手段，如此才能实现买卖双方的双赢。

范例 1

顾客："这家具不就是普通的板式家具吗？怎么这么贵？"

家具销售人员："先生，您有这种想法我非常理解，因为以前也有一些顾客提出过类似的问题，不过后来他们才知道，其实板式家具也分很多种。板式家具主要由经过装饰的人造板材加五金件连接而成，常见的人造板材有胶合板、细木工板、刨花板、中纤板等；常见的饰面材料有薄木（俗称贴木皮）、木纹纸（俗称贴纸）、PVC 胶板、聚脂漆面（俗称烤漆）等。板材、饰面材料和五金件不同，价格也有很大差异，工艺精细且板材和五金配件较好的家具价格就比较昂贵，天然木皮饰面的板式家具一般也比较昂贵，属于板式家具中的高档产品。就拿我们这款家具来说吧，它并不是普通的板式家具，而是木纹仿真家具，您看它的贴面非常逼真，光泽度、手感也非常好，而且它出厂前是经过特殊工艺处理的，环保性非常好，甲醛含量非常低，没有任何刺激性味道……"

（先对顾客表示理解和认同，然后向顾客说明材质具有哪些优点和卖点）

范例 2

顾客："这家具不就是普普通通的人造板吗？怎么这么贵？"

家具销售人员："姐，您说的很对，确实很多顾客会有您这样的感觉。但我们这款家具采用了独特的设计，其设计理念是简约、时尚、实用，所以非常适合您这样的年轻人使用。您觉得呢？"

（先对顾客表示理解和认同，然后向顾客强调家具的优点和功能）

顾客："嗯，但是我不喜欢这种材质的。"

家具销售人员："哦，那请问您平时喜欢用什么材质的家具呢？"

（询问顾客对材质的喜好，从中探寻顾客的需求）

顾客："我喜欢实木的。"

家具销售人员："哦，那您看看这款怎么样，它是纯实木的，而且款式和刚才那款相似，每个细节都设计得非常精致……"

（根据顾客的需求推荐适合顾客的家具）

情景 55

顾客问"这款家具什么时候有打折活动"

情景描述

顾客在家具店逛了一会儿，然后指着其中一款沙发向家具销售人员问道："这款沙发什么时候有打折活动？"

⊗ 错误应对

1. "这得看公司的政策安排，具体什么时候打折我也说不准。"

（这种说法有敷衍顾客的嫌疑，是家具销售人员缺乏职业素养的表现，会大大降低顾客的购买热情）

2. "一般在重大节日、处理库存或新货上柜时会有一些折扣活动。"

（这种说法等于在告诉顾客：您在重大节日、处理库存或新货上柜时再来买吧。如果顾客不着急使用和购买，通常会选择离开，然后等打折时再来）

3. "我们的家具是全国统一定价，很少有打折活动。"

（这种说法有些语意不清，到底会不会有打折活动没有表述明确，容易引起顾客的疑惑，降低顾客的购买热情）

情景解析

作为顾客，肯定希望以最低的价格买到最好的家具，如果顾客不是特别着急使用的话，一般不会在乎多等一段时间。但是家具销售人员不能等，因为等不仅意味着销售机会的错过和销售额的下降，而且意味着顾客的需求不能及时得到满足。因此，当顾客提出“什么时候有打折活动”时，家具销售人员一定要谨慎应对，因为无论说有（打折）还是说没有（打折），都有可能对当下的成交产生负面影响。家具销售人员在处理类似的问题时，最好不要直接正面、明确地回答顾客，而应该采取“瞒天过海”的战术。

此外，家具销售人员还要明白，很多顾客的购买行为都属于冲动和感性消费，所以家具销售人员要有意识地利用煽动性的语言和恰当的购买理由去激发顾客的购买热情，推动顾客立即做出购买决定，尽量不要给顾客冷静思考、理性选择的时间和空间。

话术示范

范例 1

顾客：“这款沙发最近有什么打折活动吗？”

家具销售人员：“您真是位聪明的男士，很会挑选购买家具的时机。其实很多顾客也和您一样，都很关心什么时候打折的问题。但是您要知道，打折一般都是在清理旧货库存时才会有，虽然那个时候购买会便宜一些，但是已经买不到新品和畅销品了。像您看中的这款沙发，现在正属于热销时期，几乎每天都要卖出去十几套，我不敢保证清理库存时还有货。如果到时候真没货了，那该多可惜啊！”

（先对顾客的想法表示理解和认同，然后告诉顾客等待打折可能遇到的不利后果，以推动顾客做出购买决策）

范例 2

顾客：“这款沙发什么时候有打折活动？”

家具销售人员：“姐，我明白您的意思，在打折时购买家具确实会便宜一些，不过打折一般都是在甩货清仓时才会有，那时候的家具不是过时的老款，就是有点瑕疵或者只剩样品了。您想象一下，花钱买来的家具有瑕疵或者还没用就过时了，多不划算啊！还不如多花点钱买个中意的，您说是吧？”

（先对顾客的想法表示理解和认同，然后告诉顾客等待打折可能遇到的不利后果，以推动顾客做出购买决策）

顾客：“嗯。”

家具销售人员：“而且像您看中的这款沙发，做工和材质都是一流的。它的接触面采用的是优质头层黄牛皮，耐水性好，耐脏易清洁，柔韧抗撕拉；内部框架采用的是全实木，木质坚韧，稳固承重，让您放心享受安稳的舒适感。这款沙发现在正处于热销期，几乎每个月都销售上千套，赢得了广大顾客的高度评价和信赖。”

（用家具的卖点和紧俏性推动顾客做出购买决策）

情景 56

顾客说“我买全套的还不给优惠点，那我一件都不要了”

情景描述

顾客一下购买了一整套客厅家具，包括沙发、电视柜等，并以此为由向家具销售人员索要折扣，但是却被家具销售人员拒绝了。顾客对此很不满意：“买一件不给优惠也就算了，我一下买这么多也不多给点优惠啊！那我一件都不要了！”

⊗ 错误应对

1.“买不买随您的便，我们又没勉强您。”

（这种顾客买不买都无所谓的态度，无异于在把顾客往外赶，很多顾客在听到这种生硬的回答后，会头也不回地离开）

2.“那您自已考虑着办吧。”

（这种说法好像给了顾客很大的购买主动权，但其实是在驱赶顾客离开，因为顾客此时正处于成交的边缘，需要家具销售人员再主动推他一把，如果家具销售人员不但不向成交的方向推动顾客，反而说些“风凉话”，必然会使即将成交的生意泡汤）

3.“这个价钱已经相当优惠了，不信您可以到其他家具店看看。”

（这种说法无异于在把顾客往别的地方赶，就算你的价格真的很便宜，顾客离开后也不见得会回来）

4.“我们的家具是全国统一定价，不管您买多少件都是这个价钱。”

（这种直截了当拒绝顾客的说法会让顾客觉得很没面子，顾客如果是个很爱面子的人，交易十有八九会失败）

5.“买这么点还算多？上次有位顾客买得比您多一倍都没有给优惠！”

（这种拿顾客与其他顾客对比的做法，含有贬低和揶揄顾客的味道，会让顾客心里觉得很不舒服）

6.“好说，价格方面我会为您努力争取的。”

（这种主动投降的说法会提高顾客对价格的心理期望，进一步激发顾客的砍价欲望，导致家具销售人员在后面的价格谈判中处于被动地位）

情景解析

在成交前，几乎每位顾客都会要求打折。不过，很多顾客在提出折扣要求时，本身并没有抱百分之百的希望，他们之所以提出这方面的要求，更多的是希望得到家具销售人员的尊重。因此，家具销售人员在处理类似的问题时，关键不是能够给顾客打多少折扣，而是给予顾客足够的尊重，让顾客感受到一种与众不同的自豪感和愉悦感。

对于本案而言，由于这种顾客购买力比较强，所以家具销售人员首先要对顾客表示理解和尊重，以保持顾客的积极性，同时要向顾客强调家具的卖点和价值，增强顾客对家具的好感和兴趣。

如果顾客对打折比较执着，家具销售人员要先向顾客示弱，然后再进行反攻。具体做法是：先向顾客表示自己没有打折的权力，然后表明自己很想做顾客的生意，最后给顾客设置一些实现打折的障碍，比如向老板或店长申请特别折扣、附加赠品等，并向顾客申明这只是针对其个人的特殊政策，让顾客感受到一种特殊优待，从而引导顾客成交。比如："我们店长说，因为您购买了一整套客厅家具，已经成为我们的贵宾会员，所以可以给您个特殊优惠。出去千万别跟别人说啊！"在这个过程中，家具销售人员一定要让顾客感觉到自己在竭尽全力帮他解决问题，这样即使最后没有给予顾客任何实质性折扣，顾客也会谅解你。

范例 1

顾客："买一件不给打折也就算了，我一下买这么多件也不给打折啊！那我一件都不要了！"

家具销售人员："姐，首先非常感谢您对我们家具店的厚爱与支持。您有这种想法我也非常理解，如果我是您的话，买这么多件家具肯定也希望商家给我更多的折扣，不过话又说回来，能碰到质量这么好款式又这么适合您的家具确实不容易。如果家具质量不好，款式您也不喜欢的话，即使它打的折扣再低，您也不会购买，对吧？"

（先对顾客的想法表示理解和认同，然后向顾客强调家具的质量比折扣更重要）

顾客："那倒是。"

家具销售人员："姐，我知道您其实很喜欢这几款家具，我也很想做成您这笔生意，可惜的是我没有打折的权力！"

（向顾客示弱，表示自己没有打折的权力）

顾客："你就再想想办法呗！"

家具销售人员："嗯……看您这么喜欢这几件家具，而且我们又聊得这么投缘，那我就破例一次，帮您向店长申请一下，看看能不能给您争取个9折的特别折扣。这可是我能做到的最大程度了，您以后可要多多支持我的工作哦！"

（用向店长申请特别折扣吸引顾客成交）

顾客："嗯。"

家具销售人员："（跟店长申请以后）我们店长说，原则上我们是不打折的，但是因为您购买了一整套客厅家具，已经成为我们的贵宾会员，所以可以给您个团购价的特殊优惠。您出去可千万不要告诉别人啊！"

（有条件、有原则地向顾客让步，以让顾客感受到优惠的来之不易）

范例2

顾客："买一件不给打折也就算了，我一下买这么多件也不给打折啊！那我一件都不要了！"

家具销售人员："姐，您有这种心情我非常理解。如果我是您的话，也会像您一样希望得到更多的折扣。不过这一点还要请您多多谅解，我们店的家具一向坚持实实在在的明码实价，所以还要请您多理解我的工作。不过既然您一次性买了这么多，虽然不能打折，但是我们可以免费为您办理一张贵宾卡，您有了这张贵宾卡，以后在我们这里消费就可以享受8折优惠了/但我们可以送您一个很实用的赠品，希望您能笑纳，礼轻情意重嘛！您看成吗？"

（先对顾客的想法表示理解，然后向顾客介绍公司的价格政策，同时以贵宾卡或赠品作为让步引导顾客成交）

范例3

顾客："买一件不给打折也就算了，我一下买这么多件也不给打折啊！那我一件都不要了！"

家具销售人员："姐，您有这种心情我非常理解。但是真的很抱歉，在价格上真的要请您多包涵了。其实买家具价格只是一方面，最重要的还是家具质量好不好，用着合不合适、喜不喜欢，您说是不是？其实这几款家具都特别不错，也非常适合您，您看它们的材质……再看它们的款式……还有颜色……如果您不买的话真是可惜了！要不这样吧，我尽力帮您向店长申请试试，您先稍候……”

（先对顾客表示理解和尊重，同时向顾客强调家具的卖点和价值，然后用向店长申请让顾客感觉到你在尽力帮她争取优惠条件）

顾客：“嗯。”

家具销售人员：“姐，实在非常抱歉，在折扣上我们确实没办法满足您的要求了，不过我们店长特别嘱咐我送您一件赠品，算是感谢您对我们店的厚爱与支持，一份小小心意，还请您收下！”

（用送赠品引导顾客成交）

情景 57

顾客说“我都跟你谈了这么久了，就给打个折优惠点吧”

情景描述

顾客看中了一款家具，但是觉得价格有点贵，于是不停地跟家具销售人员砍价：“我都跟你谈了这么久了，我是诚心诚意要，你就再给打个折优惠点吧。”

⊗ 错误应对

1. “不好意思，这已经是最低价了。”

（这种生硬拒绝顾客的回答方式，会在很大程度上打击顾客的购买积

极性）

2. “我们也是诚心卖，但价格真的没办法再低了，如果可以早就卖给您了。”

（这种说法的言外之意是告诉顾客别再浪费心思了，降价肯定是不可能的，同样会降低顾客的购买积极性）

3. “对不起，价格是公司统一规定的，我也没有办法，您不要让我难做嘛！”

（这种拿公司规定当挡箭牌的说法，旨在赢得顾客的理解和同情，但这会把公司置于不近人情的地步，使公司的形象和声誉受损）

4. “您可以先去其他家具店看看，就知道我们的家具为什么不打折了。”

（这种说法是对自己的家具品牌充满自信的表现，有可能会“忽悠”住一些顾客，但家具销售人员最好不要轻易使用这种应答方式，因为顾客出去后会面对很多品牌，变数太大）

情景解析

顾客长时间跟家具销售人员软磨硬泡砍价钱，说明顾客的购买欲望比较强烈，在这种情况下，只要家具销售人员处理得当，促成交易的可能性是非常大的。

面对类似的价格异议，家具销售人员首先应该对顾客的感受进行认同和强化，并再次强调家具的独特优势和卖点，比如：“看得出来您确实非常喜欢这款家具，其实很多顾客也和您一样，一眼就看中了这款家具，因为它……”

接着，家具销售人员要坚决、明确地告知顾客你的底线：“我知道您是真心想要，不过说实话，我的权限只有……”让顾客感受到目前这个价格已经是最低了，确实没有再让价的空间了。绝不能“半推半就”，嘴上说“不能让了”，过了一会儿又让，结果使得顾客不断提出让价要求，搞得自己很被动。

如果顾客坚持要求让价，家具销售人员可以通过向顾客推荐其他价格相对较低的家具，打消顾客的让价“幻想”，因为价格相对较低的家具，通常会存在质量、做工或款式方面的劣势，甚至远远逊色于顾客之前看中的，顾客听到家具销售人员这么说，一般都会放弃继续议价的念头。或者礼貌、真诚地询问顾客，如果不降价，还有什么方法可以促成交易，同时将家具的利益点和价值凸显给顾客，推动顾客做出购买决定。

当然，对于一些强烈要求优惠的重点大顾客，家具销售人员也可以在自己的权限范围内适当作出让步，不过让步时一定要讲究技巧和方法：先坚守价格底线，最后再找个台阶，以少量退步与顾客达成交易，比如为顾客申请特别折扣、赠品等。一旦顾客表现出动摇或默许，家具销售人员要不失时机地运用选择成交法、假设缔结法等方法推动顾客成交。

范例 1

顾客：“我都跟你谈了这么久了，我是诚心想要，你就再给便宜点吧。”

家具销售人员：“姐，我知道您是诚心诚意要，首先非常感谢您对我们品牌的信任和支持。其实我也很想做成您这笔生意，只是真的很抱歉，我们给您的价格已经是非常实在、非常公道的价格了，确实没办法再给您优惠了，这一点还请您多多理解！其实买家具价格固然重要，但最重要的还是自己喜欢，适合自己的家居环境，您说是吧？像这款家具，不仅您非常喜欢，而且材质和质量都是相当棒的，可以比一般材质的家具多使用好多年，算下来其实是很实惠、很划算的，您说是吧？”

（先对顾客的感受表示认同，然后明确告知顾客这是价格底线，同时向顾客强调家具的独特优势和卖点）

顾客：“嗯。”

家具销售人员：“而且这款家具目前非常热销，现在库房只剩下不到10件了，如果您再犹豫的话，恐怕连最后一件都要错过了！姐，不用再犹豫了，您看您是付现金还是刷卡？”

（用家具热销给顾客制造紧迫感，并运用选择成交法引导顾客成交）

范例2

顾客："我都跟你谈了这么久了，我是诚心想要，你就再给打个折优惠点吧。"

家具销售人员："是的，您已经跟我谈了这么久了，我都有点不好意思了！看得出来您真的很喜欢这款家具，其实我作为销售人员，也很希望把这款家具再便宜一些卖给您，只是在价格方面我确实无能为力了，相信您也知道，我们这款家具目前正在做促销，价格已经比原来降了20%，如果还要再低，确实有点为难我了，这一点还请您多多包涵！您觉得除了降价外，如果想要成交的话，我还能做些什么补偿呢？我是很有诚意做成您这笔生意的。"

（先对顾客的感受进行认同和强化，并向顾客解释不能再降价的理由，然后询问顾客除降价外，还有什么方法可以成交，让顾客来指引成交方向）

顾客："那你再想想办法给我点其他优惠吧，总不能什么优惠都没有吧！"

家具销售人员："先生，其实我很想交您这个朋友，要不这样吧，我帮您跟店长申请一下，送您一件非常实用的赠品，您看这样成吗？"

（运用申请赠品的优惠形式，引导顾客成交）

顾客："好吧。"

范例3

顾客："我都跟你谈了这么久了，我是真的很喜欢这款家具，诚心想要，你就再给打个折，优惠点卖给我吧。"

家具销售人员："先生，您真是太有眼光了，这款家具是我们店最畅销的一款，很多顾客一眼就看中了！既然您这么喜欢这款家具，我就跟您实话实说了，这款家具虽然价格相对高一点，但从整体上看，它的性价比还是很高的，因为它……而且您跟我也谈了这么久了，该让的价我已经都让了。如果您确实想要，我的底线是只能再帮您申请一个价值800元的厨房四件套赠品，其他的真没办法满足您了，您觉得如何？”

（对顾客的感受进行认同和强化，并再次向顾客强调家具的独特优势和卖点，然后明确地告知顾客自己的底线是什么）

顾客：“难道真的一点都不能便宜了？”

家具销售人员：“真的不能再便宜了，如果您觉得这个价格真的没办法接受，我可以再给您推荐几款风格类似，但价格相对低一点的，您看，就是那边那几款，您觉得怎么样？”

（通过向顾客推荐其他价格相对较低的家具，打消顾客的让价“幻想”）

顾客：“算了吧，和这款相比差多了，还是要这款吧。”

家具销售人员：“先生，为了感谢您对我们的支持与厚爱，我代表我们公司把这个价值 800 元的厨房四件套送给您！”

（在严守价格底线的基础上，适当作出让步，通过送赠品的优惠形式，给顾客额外的满足感）

情景 58

顾客说“我就带了这么多钱，再给便宜点我就买了”

情景描述

与顾客议价时，家具销售人员费尽口舌，可是顾客还是觉得价格太高，并且对家具销售人员说：“我就带了这么多钱，再给便宜 200 我就买了。”

⊗ 错误应对

1.“这已经是最低价了，真的没办法再便宜了/我也是真心想卖给您，但是价格真的不能再低了。”

（这种说法等于在告知顾客这是最后的价格底线，已经没有回旋的余地了，很容易导致交易的失败）

2.“按照公司规定，这已经是最低价了。”

（这种说法是在拿公司当挡箭牌，会让顾客觉得公司太死板，不近人情）

3.“您既然这么喜欢这套家具，何必计较这一二百块钱呢？”

（顾客喜欢家具，并不意味着顾客没有讨价还价的权利，所以这种说法对顾客没有任何说服力）

4.“如果能便宜的话，我早就卖给您了。”

（这种说法就像谈判中的最后摊牌一样，意思是要买就赶紧买，不买就赶紧走人）

情景解析

在与顾客议价的过程中，当顾客表示只要再便宜到某个价位即可成交时，家具销售人员切不可轻易答应，而应该想办法在守住价格的基础上促成交易的达成。

强调价值法

当顾客对家具各方面的条件都很满意，只是希望在价格方面再给予一些优惠时，家具销售人员不妨再次向顾客强调一下家具的独特优势和卖点，如材质好、做工精致、款式时尚、环保性高等，让顾客感觉家具的每一方面都“物有所值”。

价格分解法

当顾客觉得价格太贵而要求优惠时，家具销售人员还可以采用价格分解法，即按照家具的使用时间将家具的价格分摊，这样相对的数字就会小很多，顾客就容易接受了。

心理暗示法

在成交的最后关头，顾客对价格的执拗已经不单纯是为了省钱，而是为了追求一种心理满足感，即希望自己得到的价格是最低的价格。因此，家具销售人员在与顾客议价时，关键不是给予顾客多少优惠，而是要让顾客获得心理上的满足，即让顾客认为自己得到的价格是最低的了。为了增加可信度和说服力，家具销售人员还可以举一些其他顾客的例子作为证据，例如，××之前出了比他更高的价钱都没同意成交，顾客听到家具销售人员这么说，通常会打消要求优惠的想法。

诉苦道难法

当顾客一再向家具销售人员索取优惠时，家具销售人员不妨跟顾客多讲讲自己的难处，让顾客意识到要争取到他要求的价格是很困难的，比如："先生，看得出来您非常喜欢这款家具，有很多其他顾客也是一眼就看中了它，因为它的材质、做工、款式确实非常好，可以说是无可挑剔。但是真的不好意思，我们店长说真的不能再让价了，否则我就只能自己去垫这笔钱了。"在倒完苦水后，家具销售人员再假装"勉为其难"地答应顾客的要求，并且要让顾客觉得这是最后的让步了。家具销售人员这样做并不是故意作秀，而是为了防止顾客得寸进尺，提出更多的优惠要求。

补偿法

如果家具销售人员用尽浑身解数，顾客还是不肯妥协让步，那么也可以尝试一下补偿法，即询问顾客在不让价的前提下，要怎样才能成交。比如："先生，我真的是想跟您做成这笔交易，毕竟遇到一款这么称心如意的家具不容易，所以我想请问一下，您觉得除了价格以外，如果想成交的话，我还能为您做些什么呢？比如售后服务方面的。"

范例1

顾客："我就带了这么多钱，再给便宜200我就买了。"

家具销售人员："先生，您的心情我非常理解，只是在价格上我真的没办法再给您便宜了。上周有一位顾客来买家具，想 9800 买下这套家具，结果和我们店长谈了一个多小时，店长也没有同意。所以您说的 9600，真的没办法满足您。”

（先对顾客的心情表示理解，以赢得顾客的好感，然后用其他顾客的例子作为证据，打消顾客索要优惠的想法）

顾客：“这样啊……”

家具销售人员：“先生，您看这套家具材质多好，是意大利进口红木的，款式也是由意大利设计师设计的，您也知道，意大利是著名的时尚王国，具有浓厚的时尚氛围和悠久的手工艺传统，很多世界闻名的奢侈品品牌，如 Fendi、范思哲、兰博基尼等都是出自意大利。而且它的做工非常精致，色泽鲜艳，贵气十足，具有很强的视觉冲击力。它的防潮、防水性能优越，抗污能力强，稳定性、耐磨性、耐久性和硬度也很高，这是因为它工艺比较复杂，周期比较长，也因为如此，它的价格才居高不下。按现在的市场价格来说，9800 绝对值了！”

（向顾客强调家具的独特优势和卖点，让顾客感觉家具的每一方面都“物有所值”）

顾客：“可我还是觉得太贵了。”

家具销售人员：“先生，您说的很对，一下子拿出这么多钱确实不少。但是您想一想，一套家具买下来怎么也得用上十几年吧，就按 15 年来算吧，您一年也就支出 600 多元，一点也不贵！”

（利用价格分解法消除顾客的异议）

范例 2

顾客：“我就带了这么多钱，再给便宜 200 我就买了。”

家具销售人员：“先生，您的心情我非常理解，如果能便宜 200 卖给您，我一定会卖给您的，这么大的一单生意我怎么可能不愿意做呢，您说是吧？只是价格上我真的没办法再给您便宜了。”

（让顾客获得心理上的满足感，认为自己得到的价格是最低的了）

顾客：“不用说这么多，我就出这么多钱，不卖我就去买别家了！”

家具销售人员：“先生，看得出来您非常喜欢这款家具，有很多其他顾客也是一眼就看中了它，因为它的材质、做工、款式确实非常好，可以说是无可挑剔。但是真的不好意思，我们店长说真的不能再让价了，否则我就只能自己去垫这笔钱了。”

（利用诉苦法让顾客觉得这是最后的让步了）

顾客：“真的一点都不能便宜了？”

家具销售人员：“先生，我是真的想跟您做成这笔交易，毕竟遇到一款这么称心如意的家具不容易，所以我想请问一下，您觉得除了价格以外，如果想成交的话，我还能为您做些什么呢？比如售后服务方面的。”

（利用补偿法促成交易）

情景 59

顾客说“我是老顾客了，难道一点优惠都没有吗”

情景描述

一位老顾客到家具店购买橱柜，在得知价钱不能优惠后，不满地对家具销售人员说：“我是你们店的老顾客了，上次 ×× 小区的 ×× 就是我介绍的，你们对老顾客难道一点优惠都没有吗？”

⊗ 错误应对

1.“不好意思，老顾客也是这个价，没有优惠。”

（这种说法的言外之意是：你是老顾客又怎样，不要以为你是老顾客就可以获得特殊优待。这会让顾客觉得很没面子，从而大大降低顾客的购

买热情）

2.“既然您是老顾客，就应该清楚我们的规定，我们对新老顾客都是一个价。”

（这种对新老顾客一视同仁的说法，会让老顾客有一种不被重视、不被尊重的感觉，从而降低老顾客的购买热情和回头率）

3.“我也想给您优惠呀，可是真没办法，价格是由公司统一规定的。”

（这种用公司规定搪塞顾客的说法，会给顾客一种冷漠、不近人情的感觉，不但难以消除顾客的价格异议，而且可能引起顾客的反感）

4.“就因为您是老顾客，所以已经给您很大的优惠啦！”

（这种说法的言外之意是：已经很给你面子了，请不要仗着是老顾客就得寸进尺。顾客听到家具销售人员这么说，心里会觉得很不舒服）

情景解析

马斯洛需求层次理论告诉我们，人都有自尊的心理需求，希望自己获得别人的尊重，经常光顾家具店的老顾客更是如此，他们希望自己是家具店最重要的客人，希望得到家具销售人员的重视和尊重。为了赢得老顾客的好感，发挥他们在新品购买、品牌传播、新顾客转介绍等方面的巨大作用，家具销售人员一定要迎合老顾客这种心理，在他们再次登门时给予他们特殊的接待和关照，这将会使他们产生一种心理满足感，从而大大提高成交的概率。

对于老顾客提出的降价请求，家具销售人员首先要对老顾客对家具店及自己工作的支持表示诚挚的感谢。然后要向老顾客重申家具的定价已经非常实在、公道，确实没有降价的空间，请求老顾客予以谅解，这能在很大程度上减少老顾客的刁难。接着要尽快把话题转到销售的正题上，不要在价格问题上一味纠缠，同时向老顾客强调家具的卖点和价值。

当然，如果有让利的空间，并且家具店的价格政策也允许，那么不妨主动给老顾客适当让点利，这样不仅能让老顾客求优惠的心理得到满足，还能大大提高他们的满意度和忠诚度，使他们更乐意做家具店的品牌宣传员。如果确实没有让利空间，则可以告诉老顾客，虽然在价格上不能满足他们的要求，但可以以积分计划、返券、赠品等形式让他们获得优惠和补偿，往往这样能让老顾客获得心理上的平衡和优越感，从而顺利实现交易。

范例 1

顾客："我是你们店的常客了，难道一点优惠都没有吗？"

家具销售人员："王姐，我知道您经常光顾我们店，真的非常感谢您长期以来对我们的信任和支持！但是真的很抱歉，在价格方面我确实无能为力，这一点请您一定要多多包涵，因为在价格上我们采取的是实实在在的统一定价。不过您放心，我们最近正在搞老顾客加倍返还积分活动，现在就可以把积分累计到您的会员卡里，等到您的积分累计到一定金额就可以享受我们的优惠方案了！王姐，来，我给您开单吧！"

（先对顾客的支持表示感谢，然后向顾客解释家具店的价格政策，并请求顾客予以谅解，最后将顾客引导到积分活动上，让顾客获得心理平衡，从而促使顾客成交）

范例 2

顾客："很多家具店对老顾客都有优惠，我是你们店的常客了，难道一点优惠都没有吗？"

家具销售人员："刘先生，真的非常感谢您长期以来对本店的厚爱与支持，但是真的非常抱歉，因为我们公司在定价上一直都是非常公道、实在的，我想这一点您作为老顾客也一定知道，并且我们的家具做工精细，质量和售后服务都非常有保障，而这也是我们赢得许多像您这样的老顾客信任与厚爱的重要原因。所以在价格上真的要请您多多包涵！不过您放心，我会立刻将您的意见和建议报告给公司领导，如果有老顾客的优惠方案出来，我会立即打电话与您联系，好吗？"

（先感谢顾客的支持，然后向顾客强调家具的优点和利益，最后表示

会及时将顾客的建议反馈给公司领导，让顾客获得重视感和满足感）

范例 3

顾客："我是你们的老顾客了，上次 ×× 小区那个 ×× 就是我介绍的，你们对我这样劳苦功高的老顾客也一点优惠都没有吗？"

家具销售人员："哦，我想起来了！我说呢，怪不得 ×× 先生对我们的家具那么认可呢，原来是您帮我们做了这么多宣传啊，实在太感谢您了，李姐！"

（对顾客的支持和宣传表示感谢）

顾客："不客气。"

家具销售人员："李姐，既然您是我们的老顾客，那我就直话直说了，您也知道，我们的家具几乎是不打折的，这一点还要请您多多理解！哦，对了，李姐，您打算什么时候安装橱柜啊？"

（向老顾客重申家具的定价已经非常实在、公道，请求老顾客予以谅解，并及时转到销售正题上）

顾客："就这两天吧！"

家具销售人员："李姐，要不这样吧，如果您今天就要的话，我可以帮您向店长申请个特别优惠。"

顾客："什么优惠？"

家具销售人员："帮您申请一套灶具，保证让您满意，请您稍等……"

（以申请赠品等非价格优惠的形式引导顾客成交）

情景 60

顾客说“我跟你们店长认识，总得给点优惠吧”

情景描述

顾客向家具销售人员索要优惠，但是被拒绝了，顾客说：“我跟你们店长是老朋友了，看在你们店长的面子上，总得给我点优惠吧。”

⊗ 错误应对

1.“我们的家具是全国统一定价，谁来买都一样。”

（这种说法不但驳了顾客的面子，连店长的面子也一起驳了）

2.“这个我可做不了主，要不您直接找我们店长吧！”

（这种说法直接把顾客提出的价格难题推给了店长，不但容易引起顾客的不满，而且一旦传到店长那里，也会引起店长的不满）

3.“就算我们店长在，也是这个价。”

（这种说法不仅会让顾客觉得很没面子，而且把店长置于了只重利益、不近人情的地步，会损伤店长和顾客之间的感情）

4.“是吗？您怎么认识我们店长的 / 您真的认识我们店长吗？那您知道他叫什么吗？”

（这种说法的言外之意是怀疑顾客在说谎，尽管生活中不乏顾客希望通过这种方式来达到获得优惠的目的，但是家具销售人员还是应该尊重顾客，而不应当面戳穿他的谎言）

情景解析

家具销售人员在接待顾客的过程中，偶尔会碰到一些自称是店长朋友的顾客。这种顾客是非常令家具销售人员头疼的：给他们优惠吧，家具店的利润和自己的销售提成就会受损；不给他们优惠吧，顾客又会觉得不给他和店长面子，损伤店长和顾客之间的感情。对于这种情况，家具销售人员一定要充分考虑到店长的难处，尽量不要把问题推到店长那里。

面对顾客类似的价格异议，家具销售人员一定要学会婉转、隐晦地拒绝顾客，既把顾客的面子给了，让顾客有台阶可下，又达到了自己不降价的目的。

具体来说，家具销售人员可以分三步走：

第一步，赞美（最好利用略带惊讶的赞美）和抬高顾客。适当抬高顾客的层次，让顾客觉得自己受到了足够的重视和尊重，满足顾客的虚荣心理。比如家具销售人员可以说："谢谢张先生对我们家具店的厚爱，我们店长交到您这样的朋友真是福气啊，希望您能继续支持我们的生意啊！""我们店长前天还交代说，这几天他有个朋友要过来，原来是您啊，他说他的朋友品位很高，嘱咐我们一定要好好接待呢！"

第二步，请君入瓮。将顾客抬高到一定高度后，家具销售人员要将话锋自然转到家具的价格上，比如："既然您是我们店长的朋友，那您一定知道我们家具店的价格政策了，我们的家具可是从来不打折的，我想这一点我们店长一定跟您提过了。"

第三步，以退为进。顾客说自己是店长的朋友，虽然是希望获得一定的优惠，但更重要的是获取足够的重视。所以家具销售人员一定要给足顾客面子，比如可以赠送顾客一些"专属"的小礼品："不过，我们店长也特别交代了，你过来以后，让我们代他赠送您一份赠品作为礼物，其他顾客可没有这种待遇哦！"

范例 1

顾客："我跟你们店长是老朋友了，看在你们店长的面子上，总得给我点优惠吧。"

家具销售人员："哇，您是我们店长的朋友啊，真是羡慕您啊！至于价格方面您就放心好了，我们店长前两天就向我们交代过了，说这几天他有个朋友要过来，嘱咐我们一定要好好接待呢！他还特别嘱咐我们，您过来以后，一定要给您一个贵宾价，因此刚刚给您的价格，已经是我们店长的朋友才能享受的价格啦！"

（先用略带惊讶的语气赞美顾客，满足顾客的虚荣心理，然后用店长特意交代的优惠价满足顾客的虚荣心，促使顾客成交）

范例 2

顾客："我跟你们店长是老朋友了，你们要是再不给我优惠点，我就给你们店长打电话了。"

家具销售人员："先生，这真是让我为难了，您给我们店长打电话，我们店长还以为是我们对他的朋友招待不周呢！其实我们店长因为朋友较多，所以早就交代过我们好几遍了，只要是他的朋友，都用这个优惠，绝对不能跟一般顾客一样，所以待会儿还得麻烦您帮我在单子上签个名。"

（先向顾客诉苦，以赢得顾客的谅解，然后用店长特意交代的优惠价满足顾客的虚荣心）

范例 3

顾客："你们店长是王××吧，我跟他是老朋友了，看在他的面子上，你总得给我一点优惠吧！"

家具销售人员："原来您是我们店长的朋友啊，怪不得呢，我们店长的朋友层次就是不一样啊，一看就有素养和生活品位！我替我们店长谢谢您对我们家具店的支持与厚爱。"

（赞美和抬高顾客，满足顾客的虚荣心）

顾客："不客气。"

家具销售人员："先生，既然您是我们店长的朋友，那您一定知道我们店的价格政策，我们的家具可是从来不打折的，就算到拿到店长的批条也只能打到98折。您看这样成吗，我打个电话给我们店长，如果他同意，我特别赠送给您一个电压力锅，以感谢您对我们家具店的厚爱。其他普通顾客可没有这种待遇哦！"

（将顾客抬高到一定高度后，将话锋自然转到家具的价格上，然后用赠送"专属"礼品让顾客感受到特殊优待）

情景61

顾客说"别送什么赠品了，多给我打点折吧"

情景描述

家具店正在搞买家具送赠品的活动，但是顾客却向家具销售人员提出了"非分"的要求："赠品对我来说没什么用，直接给我换成折扣得了！"

⊗ 错误应对

1."不好意思，折扣是由公司统一规定的，我没这个权限。"

（这是一种搪塞顾客的说法，等于告诉顾客要想打折，需要征得公司领导的同意和批准才行，这样一来，很容易将问题扩大化，最后把领导拖下水，尤其是遇到比较较真和执着的顾客，这种可能性更大）

2."您可真会算呀！以前我们连赠品都没有的，如果所有顾客都像您这样，我们恐怕得赔死！"

（这种说法的言外之意是顾客买东西太爱占便宜了，很容易让顾客觉

得没面子）

3.“赠品是公司对顾客的一种回馈，不能折抵现金。”

（这种直截了当的拒绝很容易带给顾客挫败感，降低顾客的购买热情）

情景解析

基于家具店的价格政策和销售利润所限，家具销售人员不可能满足顾客提出的所有打折要求，所以家具销售人员有时候也要学会积极地拒绝顾客。所谓积极地拒绝，是指一方面要给足顾客面子，另一方面要引导顾客向着成交的方向前进。

对于顾客提出的将赠品折抵现金的要求，家具销售人员就要学会运用积极拒绝的方法。如果家具销售人员直截了当地拒绝顾客的打折要求，不但会让顾客觉得很没面子，而且可能引发顾客的不满，导致销售的失败和顾客的流失，甚至给家具店的形象和声誉带来负面影响。

面对顾客的类似要求，家具销售人员首先要立场明确、坚定——赠品不能折抵现金，但是对顾客的想法要表示理解和尊重，然后要向顾客解释赠品与家具价格的关系，比如可以说：“我非常理解您的想法，但是非常抱歉，今天是因为我们公司正在搞活动，所以才会在正常售价的基础上额外赠送给您赠品……”这样既不会伤害顾客的自尊心和感情，又能获得顾客的谅解与同情。

另外，家具销售人员还要注意询问一下顾客不要赠品的原因，然后再对症下药采取解决方法，比如：有的顾客说自己家里已经有和赠品一样的物品了，这时候家具销售人员就可以建议顾客将赠品作为礼物赠送给有乔迁之喜的朋友，或者将赠品等值调换成其他赠品等；有的顾客认为赠品不值钱，这时候家具销售人员要向顾客强调赠品的利益和价值，提高赠品的价值感。

话术示范

范例 1

顾客："赠品对我来说没什么用，直接给我换成折扣吧！"

家具销售人员："先生，您的想法我非常理解，现在赚钱这么不容易，能省则省是对的！不过真的很对不起，我们的赠品是在顾客购买家具后额外赠送给顾客的，是公司为了答谢顾客，额外赠送给顾客的礼物，它们和价格没有关系，是两码事。这一点还请您多多谅解。"

（先对顾客的想法表示理解，然后向顾客解释赠品与价格的关系）

顾客："哦，赠品都是些什么东西啊？"

家具销售人员："我们的赠品都是公司领导特意为顾客精心挑选的，非常实用，很多顾客都非常喜欢。比如有电水壶，您平时可以拿它烧开水，比烧燃气省事多了。"

（向顾客解说赠品的优点和用途）

顾客："电水壶啊，算了，我不要。"

家具销售人员："先生，能否问一下您为什么不要吗？"

（了解顾客不要赠品的原因）

顾客说："因为我家里已经购买了电水壶，再要一个没啥用处！"

家具销售人员："哦，原来是这样啊！那您家里还缺什么其他电器吗？我可以帮您调剂一下。"

（用调剂其他赠品帮助顾客解决问题）

顾客："你们还有什么赠品啊？"

家具销售人员："我们的赠品非常丰富，许多赠品在生活中都能派上用途，比如……这些赠品就算您自己不用，送给有乔迁之喜的朋友也是非常不错的。而且我们的活动到这个周末就结束了，您如果要的话，还得抓紧时间呢！"

（向顾客介绍赠品的利益和价值，并建议顾客可以将赠品作为礼物赠送给需要的朋友，同时为顾客制造紧迫感）

范例2

顾客："赠品对我来说没什么用，直接给我换成折扣吧！"

家具销售人员："先生，您的心情我非常理解，如果能够将赠品换成折扣当然更实惠。但是真的很抱歉，我们实在无法满足您的要求，因为我们的赠品是在家具正常价格的基础上额外赠送给顾客的，没办法抵换折扣，这一点还请您多多谅解。"

（先对顾客的想法表示理解，然后礼貌地拒绝顾客的要求，并向顾客解释赠品与价格的关系）

顾客："哦……你们的赠品都是些什么东西啊？"

家具销售人员："电水壶、微波炉等家用电器，在日常生活中都用得到的。"

顾客："哦，都是些不值钱的玩意儿啊。"

家具销售人员："先生，其实我们的赠品都是很不错的，您看这款微波炉，虽然是赠品，但却是国内知名品牌，在电器超市要卖到××元呢，它的优点有很多，比如……"

（向顾客强调赠品的利益和价值，提高赠品的价值感）

顾客："哦……"

家具销售人员："先生，买家具其实最重要的还是家具本身合您的意，像您看上的这款单人床，它的材质……它的做工……如果家具不合适，给您再低的折扣、再好的赠品您也不会买，您说是不是？"

（再次向顾客强调家具的卖点和价值）

情景 62

打折和赠品只能二选一，但顾客却说两样都要

情景描述

公司规定，打折和赠品只能两者选其一，但是顾客却想两样都要："听说你们店还有赠品是吧，我看到很多顾客都拿着呢，也给我一份吧。"

⊗ 错误应对

1."对不起，我们打完折就不能再送赠品了。"

（这属于一种机械的解说方式，对顾客来说没有任何说服力）

2."抱歉，公司规定打折和赠品只能二选一，不能两个都要。"

（这种直接拒绝顾客的方式显得很生硬，不但起不到说服顾客的作用，而且会让顾客觉得很没面子）

3."您还是选择打折更划算，其实赠品都是一些小玩意，根本值不了几个钱！"

（这种说法有讽刺顾客爱贪小便宜之嫌，而且有"自我贬低"的味道，会让顾客觉得家具店太没诚意、太没档次、太不把顾客当回事了，竟然拿一些不值钱的小玩意当赠品糊弄顾客）

4."您两样都要，那我们可就赔大了！"

（这种说法有责怪顾客贪得无厌之嫌，会让顾客觉得很不舒服）

情景解析

有些顾客在购买家具的过程中，往往会表现出"贪得无厌"的一面，

总希望家具销售人员给予自己尽可能低的折扣或尽可能多的赠品，甚至想折扣、赠品一起要。而作为家具销售人员，往往又无权降低折扣，更不可能随意赠送赠品。

当顾客提出“折扣、赠品一起要”的不合理要求时，家具销售人员首先要诚恳、委婉地对顾客的想法表示理解，然后耐心、细致地向顾客解释折扣与赠品不能同时给的原因，以求得顾客的理解和包涵；之后，家具销售人员要及时将顾客的注意力转移到赠品的价值或折扣的优惠上，让顾客在限定范围内根据自己的喜好和实际情况作出选择。在这个过程中，家具销售人员要么向顾客强调赠品的价值让顾客选择赠品，要么向顾客强调折扣的利益让顾客选择折扣；如果顾客比较执着、难伺候，也可在推荐折扣的同时做出适当让步，告诉顾客活动结束后如果有多余的赠品会为其保留。

范例1

顾客：“我看到很多顾客手里都拿着赠品呢，也给我来一份吧。”

家具销售人员：“看得出来您对我们的赠品非常喜欢，但是真的很不好意思，出于对成本的考虑，活动期间顾客只能在折扣和赠品中选择其中一种。这一点还请您多多理解！”

（先向顾客表示诚恳的歉意，然后向顾客解释折扣与赠品不能同时给的原因）

顾客：“哦，原来是这样啊，我还以为两样都可以要呢！”

家具销售人员：“先生，其实我们店的赠品确实很不错，都是我们领导从市场上精挑细选的，非常实用，质量也非常好，大部分都是国内知名品牌，如果在外面买需要花不少钱呢。所以我建议您不妨考虑我们的赠品！”

（向顾客强调赠品的优点和价值，并建议顾客选择赠品）

范例2

顾客：“我看到很多顾客手里都拿着赠品呢，也给我来一份吧。”

家具销售人员：“美女，您的想法我非常理解。但是真的很抱歉，我确实无能为力，如果两样都给您的话，公司真的会亏本，所以折扣和赠品您只能选择其中一样，还请您多多原谅。”

（先向顾客表示诚恳的歉意，然后向顾客解释折扣与赠品不能同时给的原因）

顾客：“哦，原来是这样啊。”

家具销售人员：“其实我觉得对您来说还是折扣更划算、更合适一点，因为它是实实在在的折扣，可以直接抵现金。而且这款家具确实非常合适，您买回去不仅能让您的生活更便捷、更有品位，而且能让您的家庭环境更宽敞、明亮。再说了，您也不是因为这些赠品才买这款家具的，您说是不是？”

（向顾客强调家具的优点和利益，并建议顾客选择折扣）

范例3

顾客：“我看到很多顾客手里都拿着赠品呢，也给我来一份吧。”

家具销售人员：“先生，您的想法我非常理解，我们的打折和赠品确实都很吸引人，但您两样都要可真有点为难我了。公司核算过成本，如果两样都送的话就会亏本，所以折扣和赠品之间您只能选择其一，这一点还请您多多理解和包涵。”

（先对顾客的想法表示理解，然后礼貌、委婉地拒绝顾客的要求，同时向顾客解释折扣与赠品不能同时给的原因）

顾客：“你就给我赠送一个呗！”

家具销售人员：“看来您真的很喜欢我们的赠品。嗯……要不这样吧，如果活动结束后还有多余的赠品，我一定给您留一个，然后打电话通知您，您看可以吗？”

（对于比较执着的顾客，可以用“以退为进”的方法掌握主动——先姑且答应顾客的赠品要求，等活动结束后，给不给赠品主动权就在你手里了）

第六章

踢好“临门一脚”

——交易促成情景训练

促成交易是家具销售的最关键一环，如果这一环节做不好，即便前面的准备工作做得再好、再到位，也有可能前功尽弃、功亏一篑。因此，在促成交易这个阶段，家具销售人员一定要善于捕捉顾客发出的稍纵即逝的成交信号，抓住促成交易的最佳时机，采用正确、巧妙、有效的促单策略与话术技巧，积极主动地创造成交的氛围，推动顾客做出购买决策。

情景63

顾客说“我自己决定不了，得回家跟老婆商量商量”

情景描述

顾客打算购买一套沙发，并且看中了一款，但是当家具销售人员要求成交时，顾客却说：“这套沙发确实不错，不过我得回家跟老婆商量商量再做决定。”

⊗ 错误应对

1.“不用商量了，这款沙发真的挺好的。”

（跟家人商量是顾客的权力和自由，这种说法有把自己的意志强加给顾客之嫌，容易招致顾客的不满和抵触心理）

2.“好吧，那等你们商量好了再过来吧。”

（这种回答看似很善解人意，并且尊重了顾客的自由，但是却没有了解清楚顾客为什么要回去和家人商量，即没有了解顾客疑虑的原因在哪里，会大大降低销售的成功率，顾客离开后，受各种因素的影响，很可能不会再回来）

3.“先生，要不您下次带您太太一起过来看看，您觉得怎么样？”

（这种说法具有很大的风险，如果顾客回家和妻子商量的结果不理想，那么顾客再回来的概率几乎为零）

4.“您现在购买可以享受八折优惠，等您商量好恐怕就没有优惠了。”

（这种说法会让顾客觉得自己是一个贪图便宜的人，会伤害顾客的自

尊心）

5.“现在都什么年代了，买个沙发这么小的事情您都做不了主吗？”

（很多销售人员因为害怕顾客走掉，常常采用“激将法”，这种方法虽然有时候能奏效，但是却有嘲讽顾客没主见的嫌疑，会让顾客觉得很没面子）

6.“您既然这么中意这套沙发，还有什么好商量的呢？/这么好的沙发，您太太肯定不会有意见的，您就自己决定好了。”

（如果顾客是个爱家且十分尊重家人意见的人，那么家具销售人员这种无视顾客家人意见的态度很容易引起顾客的反感）

情景解析

面对家具销售人员的成交请求，当顾客提出“与家人商量商量再做决定”时，通常是基于以下两种心理：一是顾客担心自己做出错误的决定，需要参考家人的意见后再决定是否购买，因为家具属于生活耐用品，往往一用就是十几年，跟家庭的每个成员都密切相关，而且价值和价格都比较高，所以顾客往往比较慎重，需要参考家人的意见；二是顾客以此为借口推延购买时间，以便为自己争取更多的利益。

当顾客提出此类要求时，家具销售人员在可以从以下几方面着手处理：

给予顾客理解和认同

无论顾客提出此类要求是借口还是真实的拒绝，家具销售人员都不要流露出急于成交、不耐烦、鄙夷等情绪，而应该对顾客的做法表示理解和认同，并对顾客尊重家人的态度进行赞美，以赢得顾客的好感，比如家具销售人员可以说：“先生，您真是一位模范丈夫啊，做您的太太一定很幸福！”

探询顾客真实的顾虑

接下来家具销售人员要想办法引导顾客说出真实的顾虑，抓住顾客想要离开的真实原因。这有利于家具销售人员在销售工作中占据主动，有利于引导顾客朝着成交的方向迈进。

处理问题，推荐购买

找到顾客想要离开的真实原因后，家具销售人员要立即着手处理问题，并推荐顾客立即购买。在这一环节中，最重要的是为顾客提供各种立即购买的理由，鼓励顾客当场做出购买决定。具体方法有以下几种：

给压力：即对顾客进行“威逼利诱”，比如告诉顾客家具库存不多、这是最后几件了，优惠活动即将结束了等，给顾客制造一种紧迫感，促使顾客尽快做出购买决定。

给诱惑：告诉顾客现在购买可以获得哪些利益，即把顾客买与不买的利弊向顾客陈述清楚。如果顾客只是想获得一些优惠条件，也可以在征得领导许可后，适当做出一些让步，促使顾客做出购买决策。

增加顾客回头率

如果顾客执意要同家人商量一下，家具销售人员千万不可勉强顾客，否则很容易给顾客强买强卖的感觉，甚至导致顾客的流失。不过为了增加顾客回来购买的概率，家具销售人员最好在顾客离开前，再次向顾客强调一下家具的卖点和价值，以增加顾客对家具的美好印象，并引导顾客留下一部分订金；如果顾客不肯，最起码也要留下顾客的联系方式，以便对顾客进行继续跟踪。

范例 1

顾客：“这套沙发确实不错，不过我得回家跟老婆商量一下再做决定。”

家具销售人员：“嗯，先生，您有这种想法我非常理解。现在赚钱都不容易，家具又属于大宗消费品，肯定要与家人商量一下，这样买了才不会后悔。不过，我能感觉出来您挺喜欢这款沙发的，所以我想请教您一下，是不是我有什么解释不清楚的地方，还是有其他什么原因让您现在无法立即做出决定呢？”

（先对顾客的做法表示理解，然后引导顾客说出真实的顾虑）

顾客：“哦，是这样的，我和我老婆无论买什么都是商量着来的。”

家具销售人员：“哦，看来您和尊夫人关系很融洽啊，什么事都有商有量的！”

（针对顾客说出的顾虑，积极引导顾客做出正面回答）

顾客：“嗯。”

家具销售人员：“哈哈，看您一脸的幸福样就知道！我相信如果尊夫人今天在场，看到您对这款沙发这么喜欢，一定会二话不说支持您买下的。”

顾客：“呵呵，可能吧。”

家具销售人员：“所以嘛，您完全可以直接把沙发买回去，尊夫人肯定不会反对的。您看您是付现金还是刷卡？”

（利用选择成交法引导顾客做出购买决策）

范例2

顾客：“这款沙发确实不错，不过我得回家跟老婆商量一下再做决定。”

家具销售人员：“先生，如果您实在要回去跟尊夫人商量一下，我也完全可以理解。不过我想提示您的是，这款沙发非常适合您，您看它的款式……它的颜色……它的做工……并且这款沙发现在卖得挺快的，库房目前只有最后5件了，很难保证这几天不会被别人买走，如果那样的话您可能还要等很长时间！”

（先对顾客的做法表示理解，然后向顾客强调家具的卖点和紧俏性）

顾客：“嗯，我知道，不过我还是打算先商量一下再说。”

家具销售人员：“先生，您真是一位模范丈夫啊，做您的太太一定很幸福！的确，跟尊夫人商量一下是应该的，毕竟是她在家的时间多一些。不过先生，如果您真心要买的话，最好先预交500元的订金，这样我就可以暂时把这款沙发给您保留起来。等您和尊夫人商量好了，再过来交齐余款即可；如果尊夫人不喜欢，我再把订金退给您，这样不就两全其美了吗？”

（引导顾客留下订金，以增加顾客的回头率和购买率）

顾客：“订金就先不交了，我们商量好会尽快过来的。”

家具销售人员：“嗯，那先生您留一下您的联系方式吧，我们会提前联系您，到时候您和尊夫人有空的话，我们会派专车去接你们。”

（留下顾客的联系方式，为跟踪顾客和再次销售做铺垫）

范例3

顾客：“这款沙发确实不错，不过我得回家跟老婆商量一下再做决定。”

家具销售人员：“先生，一眼就能看出您是个有眼光、做事果断的人，而且在家里尊夫人一定听您的，要不然也不会这么放心让您一个人过来挑选家具。既然这款沙发您这么喜欢，那究竟是什么原因让您无法立即做决定呢？”

（先恭维顾客，以赢得顾客的好感，然后引导顾客说出商量背后的真实原因）

顾客：“嗯……我觉得价格偏高了些，不知道价钱方面能不能再优惠一些？”

家具销售人员：“先生，其实这个价格已经非常优惠了，前两天这款沙发要比现在贵两百多块呢！如果不是做活动，这个价您是绝对买不走的。”

（让顾客感觉现在的价格已经是优惠价了）

顾客：“你们就少赚点吧，打个7折，我立刻就要了。”

家具销售人员：“先生，我看您也是个爽快人，我向我们店长申请一下，看能不能多给您点优惠。不过，7折肯定是不太可能的，我看看能否申请到8折。您觉得这样可以吗？”

顾客：“行，8折就8折吧！”

家具销售人员：“好的，我马上去找我们店长申请。不过，您一定要多给我们介绍点顾客哦！”

（适当做出让步，并让顾客感到优惠的来之不易）

情景 64

顾客说“我想去别的家具店再看看，比较一下再说”

情景描述

顾客打算购买一套办公桌椅，在听完家具销售人员的介绍后，觉得材质、价格等还不错，可是当家具销售人员要求顾客下单时，顾客却说：“我想到别的店再看看，比较一下再做决定！”

⊗ 错误应对

1.“那好吧，您再去逛逛，没有合适的再回来。”

（这是一种消极应对的表现，没有向成交的方向做任何努力就放弃了，其结果多半是顾客在其他家具店找到更中意的家具，不会再回来）

2.“不要再比较了，这套桌椅已经非常合适了！”

（这种说法显得空洞、苍白，会给顾客一种强行销售的感觉，即使家具销售人员心里再急于达成这笔交易，也不能从言语上表现出来，一旦顾客意识到这一点，很可能趁机压价或提出其他额外要求）

3.“其实每个家具店的家具式样都差不多，而且别家不见得有我们家的品种全。”

（这种说法旨在阻止顾客比较，但效果往往适得其反，很容易激起顾客的逆反心理，使顾客比较的欲望更强烈）

4.“还要比较什么呢？都是差不多的东西！”

（这种说法含有埋怨、责怪顾客的味道，是家具销售人员缺乏礼貌和

专业素养的表现，很容易招致顾客的不满和反感）

情景解析

顾客在选购家具的过程中，“货比三家”是很正常的现象。当顾客提出“到其他家具店比较比较再做决定”时，家具销售人员一定要判断顾客说这句话的真实意图：有的顾客比较谨慎，可能确实是想去其他家具店再看几套多比较比较；而有的顾客提出这种要求可能只是购买前讨价还价的借口。

不论是上述哪种情况，家具销售人员都不能放纵顾客去比较，否则很容易导致顾客一去不复返、错失成交的良机。正确的做法是：先对顾客的想法表示理解和认同，然后引导顾客说出想要再比较比较的原因，以区分顾客所说的是事实还是借口，然后再针对顾客说出的原因进行相应的化解。

对于确实想到其他家具店比较的顾客，家具销售人员可以通过强调家具的优点、价值和紧俏性，以及促销机会难得，家具店信誉好、售后服务佳等，促使顾客做出购买决定。如果顾客执意要到其他家具店比较，家具销售人员也不要强留顾客，要给顾客比较的空间和自由。家具销售人员不妨告诉顾客家具的最低价，以期顾客比较后还能回来购买。

对于以此为借口讨价还价的顾客，家具销售人员首先要以家具的材质好、做工精致、质量佳、价格公道为关键点说服顾客，如果顾客执意要求降价，也可在征得领导的同意后，给予顾客适当的优惠。

范例 1

家具销售人员：“先生，您觉得这套办公桌椅怎么样？”

顾客：“还可以。”

家具销售人员：“如果您觉得没什么问题的话，我现在就给您下单吧？”

顾客：“不急，我想再逛逛，比较一下再做决定。”

家具销售人员：“先生，您是不是在其他地方也有看中的？”

（试探性地探询顾客要比较的原因）

顾客：“没有，我只是想多看看，再比较比较。”

家具销售人员：“嗯，我很理解您的意思。其实我觉得这套办公桌椅挺适合您的，不仅材质好、做工精细，而且款式、颜色也非常符合您刚才描述的办公室环境。”

（先对顾客的想法表示理解，然后通过强调家具的优点、价值，增强顾客的购买信心）

顾客：“嗯，就是不知道价格方面能不能再优惠点？”

家具销售人员：“先生，这个价格已经够优惠了。您看旁边这套，材质还不如这个，价格都卖到3000。要不这样，我现在给店长打个电话，看看能不能给您个特殊优惠？”

（先向顾客强调家具质量好、价格公道，然后为顾客申请优惠，让顾客体会到优惠的来之不易）

范例2

家具销售人员：“先生，您觉得这套办公桌椅怎么样？”

顾客：“还可以吧。”

家具销售人员：“那我现在就给您下单吧？”

顾客：“不急，我想再去别的店看看，比较比较再做决定。”

家具销售人员：“先生，您是不是在其他地方也有中意的？”

（试探性地探询顾客要比较的原因）

顾客：“是这样的，我不想太草率地做决定，所以我想多比较比较。”

家具销售人员：“嗯，您说的很对，买一套办公桌椅是一笔不小的开销，是应该谨慎一点。不过根据您刚才所描述的办公环境，我觉得这套办公桌椅确实挺适合您的，而且这是近几年最流行的款式，材质也非常结实耐用。我们这个月已经卖出去200多套了，现在库房已经没有多少存货了。如果您再去看别的，回来恐怕就没有了！”

（先对顾客的想法表示理解，然后通过强调家具紧俏和货存少消除顾客的犹豫，增强顾客的购买信心）

顾客：“哦……”

家具销售人员：“先生，好家具是不等人的，您如果来晚一步，很可能就被其他顾客抢走了。您看您是付现金还是刷卡？”

（用选择成交法促使顾客做出购买决定）

顾客说“我的预算只有这么多，还是过段时间再说吧”

情景描述

顾客看中了一套橱柜，但是在价格谈判中，顾客对家具销售人员表示：“我的预算只有这么多，这套橱柜的价格远远超出了我的预算，我还是过段时间再说吧。”

⊗ 错误应对

1. “其实价格是可以商量的。”

（这种回答无异于告诉顾客你的报价有很大的水分，顾客听到你这么说，肯定会趁机要求降价，从而为成交增加难度）

2. “既然如此，那我再帮您找一款价格便宜一点的吧。”

（这种说法会让顾客觉得你看不起他，讽刺他买不起贵家具，从而导致顾客心生不满）

3. “您是在开玩笑吧，您既然打算买家具，怎么可能预算不够呢？”

（这种反问式的反驳会让顾客心里很不舒服，从而导致交易的失败）

情景解析

在价格谈判过程中，顾客表示预算不够，通常有以下三种原因：一是想对各种品牌的家具进行更为全面的走访和了解，所以借故拖延时间；二是以此作要挟，希望家具销售人员让价，给予更多的优惠；三是顾客的预算确实不足。

遇到这种情况，家具销售人员首先要判断一下顾客的预算到底是真不足，还是假不足。判断的方法很简单，可以赞美顾客几句，夸夸顾客的眼光、经济实力、生活品位等。如果顾客听到夸赞后面露窘色，那么预算不足十有八九是真的；如果顾客听到夸赞后泰然自若，那么预算不足十有八九只是借口而已。

如果顾客只是想拖延时间，以便对各种品牌的家具有一个更全面的了解，那么家具销售人员就要针对顾客有疑虑的地方进行更全面、更详细的解说，以便消除顾客的疑虑，增强顾客的购买信心。

如果顾客是想以此为借口索取优惠，那么家具销售人员要根据具体情况作出是否降价的决定：如果尚有让价空间，在一番讨价还价后可以适当作出让步；如果已经没有让价的空间，则要尝试从家具的优势和价值方面来说服顾客。

如果顾客真的是预算不足，那么家具销售人员要根据顾客的实际情况采取相应的解决办法，比如另行为顾客推荐其他家具。需要注意的是，向顾客推荐其他家具时，家具销售人员一定要充分考虑到顾客的面子和心理感受，注意自己的说话方式，不要让顾客觉得难堪。如果顾客固执己见，不接受其他款式的推荐，家具销售人员也不要勉强顾客，而应该答应顾客的要求，并为将来顾客再次登门做好铺垫。

话术示范

范例 1

顾客："我的预算不够，还是过段时间再说吧。"

家具销售人员："先生，您刚才看的时候对这套橱柜挺满意的，是不是还有其他什么疑问呢？您可以直接告诉我，没关系的。"

（探询顾客预算不足背后的真实原因）

顾客："哦，我有个朋友也是卖家具的，他说像这种规格的橱柜（3 米地柜 +3 米台面 +1 米吊柜）顶多卖 5000 元钱，你们却卖 7000 多，有点太高了，所以我想再多看看。"

家具销售人员："先生，这套橱柜虽然和您朋友说的规格一样，但是在材质上肯定是不一样的，这套橱柜的材质是欧洲进口的，坚固性和美观性都比国产的要好。您再看看它的制作工艺，要比同类材质的好很多，所以价格才比其他品牌的同材质橱柜贵一些。"

（用家具的独特优势消除顾客的异议）

顾客："嗯，那你再跟你们店长申请一下，看能不能再便宜一点。"

家具销售人员："这样啊，如果您确定要的话，我就跟店长申请一下，不过我不敢保证店长肯定同意，也不能保证还能便宜多少。"

（以向店长申请折扣不易，促使顾客成交）

范例 2

顾客："算了，我的预算只有这么多，太贵了根本买不起。"

家具销售人员："先生，这段时间您也看了不少橱柜，这套橱柜无论是从材质和做工上，还是从款式和颜色上，都非常符合您的要求。您是不是还有其他什么疑问呢？您可以直接说出来，没关系的。"

（探询顾客预算不足背后的真实原因）

顾客："我确实是预算不够，负担不起这么高的价格。"

家具销售人员："那您目前能承受多高的价格呢？"

顾客："5000 元以内吧。"

家具销售人员：“这样啊，那实在是不好意思，这款橱柜真的卖不到那么低。要不这样吧，我们还有一款款式、颜色和这款差不多的橱柜，只是在材质上略有差别，您买不买没关系，可以先看一看。”

（针对顾客的预算情况推荐相应的家具）

顾客：“好的。”

（顾客看过后觉得不满意）

顾客：“这款比刚才那款差多了，我还是再等等吧，等我预算充足了再来买吧。”

家具销售人员：“先生，既然这样，那您留一下您的联系方式吧，等我们这款橱柜有活动时我打电话通知您。”

（留下顾客的联系方式，为将来顾客再次登门做铺垫）

范例3

顾客：“我的预算只有这么多，再贵我真的负担不起。你就再给我便宜一点，凑个整数5000卖给我得了。”

家具销售人员：“先生，看得出来您是一个非常注重理财规划的人，您这次购买橱柜，肯定是经过慎重考虑和计划的。我想您在乎的并不是这一两千块钱，而是买一套价格实在一点的橱柜，对吧？”

（通过赞美来试探顾客的真实想法）

顾客：“嗯，是的。”

家具销售人员：“我跟您说实话吧，这套橱柜刚上架时售价是8800，最近因为公司做活动，价格才从8800降到了6600。在您之前，有五六位顾客想以6000买下来，我们店长都没有同意。”

（利用其他顾客的出价情况限定价格底线）

顾客：“你就再跟你们店长好好申请一下，看看6000行不行。”

家具销售人员：“好吧，看您确实非常喜欢这套橱柜，我就勉为其难再试试吧。”

情景 66

顾客说“我今天带的钱不够，还是改天再来买吧”

情景描述

顾客看中了一款双人床，但是当家具销售人员要求其购买时，顾客却说：“我今天带的钱不够，还是改天再来买吧。”

⊗ 错误应对

1.“您既然这么喜欢，就别再等改天了。”

（这种说法过于简单、苍白，没有向顾客说明不能等的理由，对顾客缺乏有效的说服力）

2.“如果您今天不买的话，恐怕改天再来时不一定有货了。”

（这种说法虽然将“等”的不利之处告诉了顾客，但是有一种危言耸听的味道，很容易让顾客感觉你只是在“唬”他）

3.“您是不是嫌价格太高了啊？”

（这种说法不但会使家具销售人员在价格上陷于被动地位，而且会让顾客觉得家具的价格有很大的水分，从而降低顾客的信任程度和购买热情）

4.“您别糊弄我了，您来买家具怎么可能不带够钱！”

（即使家具销售人员看破了这是顾客的“脱身之辞”，也不能在顾客面前直截了当地揭露出来，否则会让顾客觉得很没面子）

5.“嗯，那您改天再过来一趟吧。”

（这种说法很可能导致顾客的流失，一旦顾客离开后受到其他人或信息的影响，很可能改变主意，不再回来了）

情景解析

当顾客提出“带的钱不够，改天再买”时，家具销售人员首先要分析顾客说的是事实还是托词和借口，因为家具，尤其是衣柜、床具等大宗家具，对大部分顾客来说是价格比较高的生活用品，往往需要耗费顾客的大笔资金。

通常情况下，顾客提出支付能力不足多数是托词和借口，目的要么是礼貌地拒绝购买，要么是向家具销售人员施加压力，以期得到打折优惠。对于以此为借口拒绝购买的顾客，家具销售人员可以询问顾客不买是否有什么特殊原因，引导顾客说出其真实想法，然后再视情况进行有针对性的解决。对于以此为借口要求优惠的顾客，家具销售人员可佯装不知，或以幽默缓和气氛，或强调家具的卖点和价值，或强调家具的紧俏性，制造“机不可失”的紧迫感，迫使顾客做出购买决定。当然在不影响家具店利润和自己收入的前提下，也可以适当让步，为顾客打个折，以促成交易。

如果顾客的确是带的钱不够，家具销售人员可以先开好单，然后跟随顾客到附近的柜员机去取钱，抑或让顾客先留下一部分订金，等给顾客送货安装时再让其补足余额。对于比较熟络的老顾客，在条件许可的情况下，也可让其下次登门时再付清余款。

如果顾客看中的家具的确价格不菲，顾客支付起来比较有压力，家具销售人员也可向顾客推荐其他款式和风格相似、但价格相对较低的家具。不过一定要注意语言的隐晦和婉转性，不要伤害顾客的自尊心。

范例1

顾客：“我今天带的钱不够，还是改天再来买吧。”

家具销售人员：“先生，能不能请教一下，您今天不买，是不是有什么特殊原因呢？”

（试探顾客拒绝购买的真实原因）

顾客：“我的确是带的现金不够了。”

家具销售人员：“要不这样，我先给您开好单，然后跟您到附近的柜员机取钱，这样既无需您再跑一趟，又能保证您买到心仪的床，你说呢？”

（向顾客提议先开好单，然后跟随顾客到附近的柜员机取钱）

顾客：“我今天没有带银行卡，还是改天再来吧。”

家具销售人员：“先生，是这样的，这款床最近订货的顾客很多，目前就剩下两件库存了，您改天再来我们不敢保证还有没有货。要不您先留下500元订金，我们把这款床给您预留一套，这样就算有其他顾客想买也不会卖出去，对您对我们都是一种保障，然后给您送货安装时您再补足余款，您看可以吗？”

（强调家具的紧俏性，给顾客制造紧迫感，并引导顾客先留下部分订金）

范例2

顾客：“我今天带的钱不够，还是改天再来买吧。”

家具销售人员：“先生，您就别跟我开玩笑了，您堂堂一个大老板还有手头紧的时候，那我们这些打工的就不用活了！我现在就给您开单吧？”

（佯装不知，以幽默语言试探顾客的真实情况）

顾客：“我的确是身上的现金不够了，而且今天又忘了带银行卡。我还是改天再来买吧。”

家具销售人员：“没关系，其实我也经常忘记带钱带卡，不过如果要您改天专门再跑一趟，太浪费您的时间了！而且等您改天来的时候，说不定这款床已经卖光了，那多可惜啊！要不这样吧，您先留下手上的现金作订金，然后我让我们的售后服务人员帮您把床送到您家里去，您再付清余款，这样就不用您再跑第二趟了，您说呢？”

（先向顾客强调家具的紧俏性，给顾客制造紧迫感，然后以为顾客提供送货上门服务为由引导顾客留下订金）

范例3

顾客：“我今天带的钱不够，还是改天再来买吧。”

家具销售人员：“王姐，看得出来您特别喜欢这款双人床，而且这款双人床现在正在搞促销活动，可以省不少钱。如果您今天不买，恐怕过两天就暂时没有货了，那样岂不是太可惜了吗？您就甭犹豫了，我帮您开单吧？”

（强调家具的紧俏性，为顾客制造“机不可失”的紧迫感）

顾客：“我的确是没带那么多钱，我还是改天再来买吧。”

家具销售人员：“王姐，带的钱不够没关系，您的承诺比钱更值钱，反正您是我们的老顾客，不足的部分您暂时先欠着，什么时候方便再过来付清余款就成，您是我们的熟客，难道我们还信不过您吗？”

（通过给予老顾客“特殊优待”，允许其在下次登门时再付清余款，引导顾客成交）

范例4

顾客：“我今天带的钱不够，还是改天再来买吧。”

家具销售人员：“您真是太谦虚了。难得碰上一款自己这么喜欢又适合自己的床，眼看快过年了，辛苦了整整一年，就当给自己的新年礼物吧！”

（试探顾客说的是事实还是托词和借口）

顾客：“这个价钱稍微高了点，而且我身上的现金就只剩下这么多了，我还是改天再来买吧。”

（从顾客的话语可以判断，他其实是嫌价格高，想得到价格上的优惠）

家具销售人员：“这样啊，您稍等一下，我再向店长申请一下，看看能不能给您打个贵宾折扣？”

（在不损害家具店利润和自己收益的前提下，通过向店长申请贵宾折扣，让顾客感受到优惠的来之不易，促使顾客达成交易）

情景 67

顾客说“我今天只是先看看，等你们打折时我再买”

情景描述

家具销售人员根据顾客的要求，向其推荐了一款家具，顾客看了看说：“我今天只是先看看，等你们什么时候打折我再来买。”

⊗ 错误应对

1. “我们是品牌家具店，轻易不会有打折活动的。就算有，也不知道要等到猴年马月呢！”

（这种说法会大大降低顾客的购买热情，尤其是顾客比较注重折扣时，这种说法很容易导致顾客的流失）

2. “我们现在也有打折啊，只是我刚才没有告诉您。”

（这种说法有敷衍、欺哄顾客之嫌，会让顾客觉得你是个不靠谱的人，从而降低销售的成功率）

3. “我们现在也是有打折的，只不过折扣力度比较小。”

（这种说法很容易勾起顾客的砍价欲望，提高顾客对砍价的期望值，使双方陷入价格拉锯战中）

4. “难得碰到这么称心如意的家具，等到打折时恐怕就没有了。”

（这种说法虽然把“等”的不利之处告诉了顾客，但是没有积极地引导顾客向成交的方向迈进）

5.“好的，那您给我留一个联系方式吧，等到打折时我打电话通知您。”

（这种消极做法很容易导致顾客的流失，因为顾客离开后会遇到很多变数，再回来的概率小之又小）

6.“我现在就可以给您打折。”

（这种主动让价的做法，不但会让顾客觉得你的报价含有很大水分，而且会让你在价格谈判中处于被动地位）

情景解析

当顾客提出等到打折时再购买的要求时，并不意味着顾客拒绝了家具销售人员的销售推荐，也不代表顾客不着急购买，而是顾客认为节假日、店庆或清仓时家具店会提供更多的折扣，自己可以获得更多的利益和优惠，所以在打折时购买比较划算。

当顾客提出类似的要求时，家具销售人员切不可任由顾客离开，而应该设法引导顾客现在成交。因为顾客离开后，受家人、朋友、竞争品牌等诸多因素的影响，很可能会改变主意，放弃对家具的购买，或转向其他品牌的家具。当然，家具销售人员也不能向顾客表现出急于成交的心态，比如急着给顾客优惠等，这会在一定程度上降低顾客对你的信任度，同时激起顾客压价的欲望。

那么，家具销售人员该怎么做，才能既引导顾客成交，又不致显得急功近利呢？

家具销售人员首先应该从心理上对顾客这种想法表示理解和认同，以放松顾客的警惕，拉近与顾客的距离。比如：“您的想法我非常理解，如果换作是我，肯定也希望在价格便宜时购买，毕竟买家具是一笔不小的开支啊！”

接着，家具销售人员要向顾客强调家具的特点和卖点，同时探询顾客的需求，并把家具的卖点与顾客的需求结合起来，让顾客对家具建立起足够的好感，因为万一无法说服顾客立刻购买，起码也要保证家具给他留下深刻印象，否则顾客很容易把你和你的家具遗忘。

同时，家具销售人员要通过适当的话术将“等待打折”的不利之处告诉顾客，降低顾客对活动的期望，比如装做无意地说："其实大幅度的打折活动主要是针对新品或滞销产品的，而且打折时容易出现款式或颜色不全、断货、不够时尚等问题，可能买不到称心如意的家具。"同时要将顾客的注意力引向家具本身和现在的活动上，通过存货少、机会难得（如限时、限量促销）、物价上涨可能导致家具价格上升等理由，刺激顾客尽快做出购买决定。

如果顾客坚持要等到打折时再购买，家具销售人员也不要勉强顾客，否则很容易引起顾客的反感。而应该先对顾客表示认同，然后请顾客留下联系方式，以便对顾客进行跟踪服务。

范例 1

顾客："我今天只是先看看，等你们什么时候打折我再来买。"

家具销售人员："姐，您说得很对。如果换作是我，肯定也希望在价格便宜时购买，毕竟买家具是一笔不小的开支啊！"

（先对顾客的想法表示理解和认同，以拉近与顾客的距离）

顾客："对啊。"

家具销售人员："姐，其实这款家具我们现在也有折扣，只不过没有节假日促销时低，不过现在的颜色非常齐全，款式也比较多。一看您就是个讲究品位和格调的人，我担心到节假日促销时颜色就不全了，或者只剩下一些旧款式了，到时候您可能就买不到称心如意的家具了。如果真是那样的话，多可惜呀，您说呢？"

（将"等待打折"的不利之处告诉顾客，降低顾客对活动的期望）

顾客："嗯。"

家具销售人员："您现在买虽然多花点钱，但是您不仅用着舒心，增添生活的情趣和品位，来了客人还有面子。而且现在购买我们赠送双倍积分，将来消费可以折抵现金，所以您现在购买还是很划算的！"

（告诉顾客现在购买的利益和好处）

范例2

顾客：“我今天只是先看看，等你们打折的时候我再来买。”

家具销售人员：“姐，您真是个聪明的顾客，很会挑选买家具的时机啊！不过这也难怪，现在挣钱这么难，物价又这么高，买件家具动不动就好几千块，换了谁不想少花钱买好家具呢！”

（赞美顾客，并对顾客的想法表示理解，以拉近与顾客的距离）

顾客：“对啊。”

家具销售人员：“不过，如果您真心喜欢这款家具的话，我还是建议您现在购买，因为这款属于限量款，它通体采用的是对人体无害的环保油漆，气味清新，长期使用也不会变色。现在每天都有顾客订货，我担心促销时不一定有货了。”

（将“等待打折”的不利之处告诉顾客，同时向顾客强调家具的独特优点）

顾客：“没事，我还是等等吧。”

家具销售人员：“好的，那我就不勉强您了。您可以留个电话，等我们打折时我第一时间通知您。”

（请顾客留下联系方式，以便对顾客进行跟踪服务）

范例3

顾客：“我今天只是先看看，等你们节假日或店庆搞活动时我再过来，到时候折扣肯定更大一些！”

家具销售人员：“姐，您说得很有道理，如果节假日或店庆的促销活动力度更大些，能用更少的钱买到心仪的家具，那是再好不过了！”

（先对顾客的想法表示理解和认同，以放松顾客的警惕，拉近与顾客的距离）

顾客：“对啊。”

销售人员：“不过，我担心到时候针对这款家具的优惠活动可能没有，因为按照公司的营销计划，今年的节假日促销活动主推的是今年的新品和前几年留下来的滞销品，不是所有产品都参与节假日促销！”

（通过适当的话术将“等待打折”的不利之处告诉顾客，降低顾客对活动的期望）

顾客：“是吗？”

家具销售人员：“姐，既然您对我们的促销活动这么感兴趣，我就给您介绍几款我们今年的新品家具吧，如果您觉得合适，等我们搞活动时我再打电话通知您！”

顾客：“行，那你给我介绍介绍吧。”

家具销售人员：“这几款新品家具……”

顾客：“哦，我觉得不是很合适，还是我刚才看上的那款更合适。”

家具销售人员：“姐，其实我觉得您可以考虑现在购买这款家具。因为根据您刚才描述的装修特点，这款家具是很合适的，您看它的颜色……它的款式……它的材质……而且它是我们目前主推的产品，现在以9折限量促销，这个折扣已经非常优惠了，以我的经验来看，节假日促销也未必有这么好的折扣！机会难得，这次促销的数量仅限100个，目前只剩下最后5个了，售完即止，可能明天就没有了。所以您还是尽早作决定比较好！”

（通过强调家具的优点和促销机会难得，刺激顾客尽快做出购买决定）

情景68

顾客看中一款家具，但随行的朋友却提出不同意见

情景描述

顾客看中了一款家具，并且询问了家具销售人员很多问题。但是当他

询问同行朋友的意见时，朋友却提出了不同意见：“我觉得这款家具很一般吧，还是再到别的家具店转转吧。”

⊗ 错误应对

1.“嗯，既然觉得不合适，那您二位再去别家看看吧。”

（这是一种消极应对方式，而且有向顾客下逐客令的味道，很容易将顾客送到竞争对手的“怀抱”里）

2.“买家具最关键的是自己喜欢，您也别光听您朋友的。”

（这种说法不仅会招致顾客同伴的不满，而且会把顾客推到同伴一边——就算顾客真的很喜欢那款家具，但为了给同伴面子，也会跟同伴保持同一阵线，放弃购买）

3.“这款家具挺好的呀，没必要再到别家转了。”

（这种说法过于简单、机械，对顾客缺乏有效的说服力，而且暗含着一种跟顾客同伴“对着干”的味道，很容易导致家具销售人员与顾客同伴之间产生对抗情绪，对销售十分不利）

情景解析

家具属于高价消费品，所以很多顾客往往很慎重，购买时常常带着懂行或值得信赖的朋友一起到家具店考察、选购。在这种情况下，顾客朋友的意见在交易中往往发挥着重要的影响作用，家具销售人员千万不可忽视。

其实，顾客的朋友既可以成为成交的推动剂，也可以成为成交的阻力，关键看家具销售人员怎样运用他们的力量。家具销售人员要想最大限度地减少顾客的朋友对成交产生的负面影响，充分发挥其对成交的积极作用，就要努力做好以下几点细节：

不要忽视顾客的朋友

顾客的朋友虽然不具有购买决策权，但是他们却具有购买否决权，他们的反对意见对顾客的购买决策影响非常大。因此，家具销售人员对顾客及其朋友要给予一视同仁的热情接待，杜绝出现眼中只有顾客而忽视、怠慢顾客的朋友，甚至将顾客的朋友晾在一边的情况。

在销售过程中，家具销售人员可以通过目光的转移，让顾客的朋友感受到尊重与重视；也可以通过赞美的方式，表示对顾客朋友的认可，以便与其建立友好、融洽的关系。比如："您在家具方面真是行家啊，怪不得您朋友要请您过来当参谋呢！"一旦处理好与顾客朋友的关系，就能大大降低其提出否定意见的概率。

征询顾客朋友的意见

在销售过程中，家具销售人员要始终保持与顾客朋友的沟通，尤其是在顾客对某款家具表现出兴趣和购买意向时，家具销售人员要将该款家具的卖点向顾客的朋友进行强化，并征询顾客朋友的看法和意见，比如："您朋友特别喜欢这款家具的 ××，您觉得怎么样？"因为家具是最终的购买者——顾客看中和喜欢的，此时顾客的朋友提出负面意见的概率就会大大降低，因为那样等于是在否定顾客的眼光，会让顾客很没面子。

化解顾客朋友的异议

当顾客的朋友对顾客选中的家具提出异议时，家具销售人员切不可意气用事，认为顾客的朋友是来拆台和砸场子的，从而对其产生负面情绪，甚至言辞激烈地去反驳顾客的朋友，这是销售的大忌。

面对顾客朋友的异议，家具销售人员首先应该对顾客的朋友进行赞美和认同，然后虚心向其请教提出异议的理由是什么，以便找出顾客朋友的不满意之处，然后有的放矢地予以应对和解决。比如："您朋友这么说一定有他的道理，肯定是我在某些方面没向您介绍清楚，我再给您解释一下吧。""一看您就是家具方面的行家，不然您朋友也不会把您请来当参谋。但是先生，您朋友真的很喜欢这款家具，能否冒昧地请教一下，您不满意的地方究竟在哪里呢？"

接着，家具销售人员要把沟通的焦点转到家具的卖点上，开始向顾客及其朋友强调家具的优点和卖点。同时，也可通过让利、打折、赠品等，诱惑顾客做出购买决定。

当然，如果顾客坚持要走，家具销售人员也不可勉强顾客，而应该在热情、礼貌送客的同时，递上自己的名片、资料，并留下顾客的联系方式，以便对顾客进行跟踪服务，为顾客再次登门作铺垫。

范例 1

顾客朋友：“我觉得这款家具很一般，还是 ×× 牌子的家具更好点。咱们还是先去其他店再看看吧。”

家具销售人员：“(对顾客)姐，您这个朋友对买家具真是内行啊！她这么说一定有她的道理，请这样的朋友当参谋肯定能选到称心如意的家具！（对顾客朋友）这位女士，一看您就是家具方面的行家，不仅对家具有独特的见解，而且对朋友也非常细心和用心。但是，您朋友真的很喜欢这款家具，能否冒昧地请教一下，您觉得这款家具哪些地方不太合适呢？我们可以交换一下看法，然后一起帮您的朋友挑选一件真正适合她的家具，好吗？”

（先通过顾客间接赞美其朋友，然后直接对顾客的朋友进行认同和赞美，同时虚心向其请教提出异议的理由，以便找出其不满意之处，然后有的放矢地予以应对和解决）

范例 2

顾客朋友：“我觉得这款家具很一般，要不咱们去别的地方再看看吧。”

家具销售人员：“(对顾客)姐，您这个朋友对您真是细心啊！能有这样的朋友真好！难怪您要请她当参谋呢！（对顾客朋友）这位女士，一看您就是家具方面的行家，不然您朋友也不会把您请来当参谋，但是，您朋友真的很喜欢这款家具，而且我们也沟通了很久。能否冒昧地请教一下，您不满意的地方究竟在哪里呢？”

（先通过顾客间接赞美其朋友细心，然后直接赞美顾客的朋友专业，同时虚心向其请教提出异议的理由，以便找出其不满意之处，然后有的放矢地予以应对和解决）

顾客朋友："我家用的是 ×× 牌子的家具，用着非常好，所以我们想去他们那儿看看。"

家具销售人员："这位女士，那您觉得您现在使用的家具，什么地方让您比较满意呢？"

（了解顾客的朋友对现有品牌的满意点，为接下来的推介做铺垫）

顾客朋友："……"

家具销售人员："这位女士，我非常理解您的感受，很多东西用习惯了就会有感情。不过，有时换一个新的品牌未必就比旧的差，我给您介绍一下我们家具的特点吧，相信您听完以后会喜欢的……而且为了回馈消费者，这款家具目前还有很实用的赠品相送，比如……"

（把沟通的焦点转到家具的优点和卖点上，同时通过赠品诱惑顾客做出购买决定）

顾客："不用了，我们还是先到其他地方转转再说吧。"

家具销售人员："好的，这是我们店的产品资料介绍和我的名片。您不妨留个联系方式，有合适的家具我再通知您。"

（礼貌送客，同时递上名片和资料，并留下顾客的联系方式，以便对顾客进行跟踪服务）

情景 69

顾客感觉两款家具都不错，不知该选哪一款

情景描述

顾客看了多款家具，最后觉得其中两款都不错，所以一时拿不定主意

该买哪款：“这两款看着都不错，到底选择哪一款好呢？你能给我一些意见吗？”

⊗ 错误应对

1.“我觉得两款都不错，您随便选一个吧。”

（顾客之所以会这样问，往往是因为挑花了眼、失去了主张，一时难以抉择，而家具销售人员这种回答等于没给顾客任何参考意见，其结果就是顾客对你的专业素养产生怀疑，从而降低顾客购买的信心和热情）

2.“这个我也不好说，看您个人的喜好吧。”

（这种说法有敷衍顾客之嫌，顾客听完后依然会无所适从，并且会觉得家具销售人员做事不负责任，缺乏专业素养，无法为顾客提供具有参考价值的建议）

3.“要这款吧，这款便宜一点。”

（这种说法主观臆断地把顾客定位为一个贪图便宜或缺乏经济实力的人，会伤害顾客的面子和自尊心）

4.“我觉得这款贵的更好点，您就买这款吧！”

（这种说法是家具销售人员站在自己的立场提出的，而没有顾及顾客的想法和需求，很容易引起顾客的质疑：你是不是故意挑贵的卖给我啊）

5.“这个我也说不好，要不您打电话跟您的家人商量一下吧，让他们帮您拿个主意。”

（此时顾客的购买欲望已经非常强烈了，是成交的最佳时机，如果此刻家具销售人员“怂恿”顾客跟家人商量，顾客很可能因为家人的负面意见而改变主意，甚至放弃购买）

情景解析

当顾客在两件家具间犹豫不决、难以决策时，通常是出于以下两种心理：一是顾客可能一下子接受了太多的信息，而他往往对自身的需求还不是特别清楚、明确，所以在两件家具间举棋不定，不知该如何选择；二是顾客内心已经有了决定，但因为害怕犯错或不好意思而不敢坦白说出自己的想法，需要家具销售人员适时的引导和建议才能做出决定。

无论顾客的犹豫不决是出于上述哪种心理，家具销售人员都应该及时抓住机会，以非常明确的态度帮助顾客尽快做出决定。具体来说，家具销售人员应该按照以下步骤处理：

家具销售人员首先应该对顾客进行一番“摸底”，比如向顾客询问：“您的房间面积有多大”“您个人喜欢什么颜色”“您家的整体装修风格是怎样的”等，经过这些“摸底”，家具销售人员不仅能初步帮顾客理清其需求，同时还能向顾客表明，下面的推荐并非刻意为之，而是在为其匹配最符合其需求的家具。

在摸清顾客的需求后，家具销售人员要明确而自信地告诉顾客，你建议他购买哪款家具，同时告诉他选择该款家具的具体理由。在这一环节中，家具销售人员要通过观察顾客的衣着打扮和言行举止，判断一下顾客的经济实力。对于经济实力较强的顾客，家具销售人员可向顾客强调两款家具中价格稍高一款的卖点和价值，建议顾客买贵的；对于经济实力一般的顾客，家具销售人员可向顾客介绍价格稍低一款的优点和卖点，同时用坚定、果断的态度帮顾客迅速做出决定，以免顾客犹豫不决而转念不买。

最后，家具销售人员要把最终的购买决策权交还给顾客，切不可越俎代庖替顾客做主，因为顾客才是家具的购买者和使用者，这样做能显示出你对顾客的尊重。而且顾客把家具买回去后，多半会询问家人或朋友的意见，如果这些人对他购买的家具提出负面意见，顾客肯定会觉得自己买亏了，从而心生不满：“怪不得那个卖家具的推荐我买这款呢！”继而产生悔单心理，或到处说你和家具店的不好，对家具品牌造成负面影响。

此外，对这类顾客还可适当给他们制造点“机不可失”的紧迫感，因为这类顾客往往对于稀有的东西非常珍惜，害怕丢失机会，他们在紧迫感的驱使下，往往会迅速做出购买决策。

范例1

顾客：“我觉得A款茶几和B款茶几都不错。我喜欢A款的款式，同时又喜欢B款的颜色。到底选择哪一款好呢？你能给我一些意见吗？”

家具销售人员：“请问您家的客厅面积有多大啊？装修风格如何？”

（对顾客进行“摸底”，以帮助顾客理清需求）

顾客：“……”

家具销售人员：“先生，说实话，根据您刚才的描述，这两款都挺合适的，但是A款的材质稍微差点，是钢化玻璃材质的，而B款是优质天然大理石的，整体显得更尊贵大方一些，很适合您这样的高级知识分子家庭。所以我建议您拿B款。您觉得呢？”

（根据顾客的穿着、言行举止和家居环境等，判断顾客的购买实力较强，故而向顾客推介其中高价款家具的优点和卖点，同时引导顾客做出购买决策，并把最终的购买决策权交还给顾客）

顾客：“嗯，你的建议不错，那就拿B款吧。”

范例2

顾客：“我觉得A款茶几和B款茶几都不错。你能帮我看看哪款更合适吗？”

家具销售人员：“请问您家的客厅面积有多大啊？装修风格如何？”

（对顾客进行“摸底”，以帮助顾客理清需求）

顾客：“……”

家具销售人员：“先生，说实话，根据您刚才的描述，这两款其实都不错，A款采用的是天然木材质，色调温和、工艺精致，能够产生一种与大自然的亲近感，适合与沉稳大气的沙发家具相配；B款台面为钢化玻璃材质，辅以仿金电镀配件和不锈钢底架，造型别致、典雅，功能简捷、实用，在自家使用足够了，而且价格也不贵。所以我建议您拿B款。当然，这只是我个人的意见。您觉得呢？”

（根据顾客的穿着、言行举止和家居环境等，判断顾客的购买实力一般，故而向顾客推介低价款家具的优点和卖点，同时引导顾客做出购买决定，并把最终的购买决策权交还给顾客）

顾客：“B 款？”

家具销售人员：“对，而且这款库存已经不多了，卖完这批估计要等一个多月新货才能到。”

（给顾客制造“机不可失”的紧迫感，促使顾客做出购买决策）

顾客：“这样啊，那要 B 款吧”。

情景 70

顾客看完家具后觉得满意，要求拿一件新的，可家具只剩下样品了

情景描述

顾客看完家具后觉得满意，要求家具销售人员拿一件新的，可是这款家具仅剩一件样品了。

⊗ 错误应对

1. “不好意思，这款家具只剩这一件了。”

（这是一种消极应对方式，顾客听到这种回答很容易掉头走掉）

2. “不好意思，这款家具只有这一件了，要不您再看看其他款吧。”

（这也是一种消极应对方式，没有针对顾客的异议进行任何说服工作，就转而向顾客推介新的款式，这相当于之前的推介工作全部白费了，而且新的款式未必能符合顾客的需求和心意）

3.“这件就是新的，摆在这里还不到 1 个小时呢！”

（这种说法对顾客没有任何说服力，而且对于比较挑剔的顾客来说，只要是摆出来的样品都是旧的）

4.“新货要过几天才能到，要不您过几天再来买吧。”

（这是一种消极应对方式，无异于在把顾客往外“赶”）

情景解析

顾客花钱买家具，肯定希望买一件称心如意、完美无瑕的。因此，他们在看完而觉得满意后，通常都会要求家具销售人员给自己拿一件新的。在货源充足的情况下，家具销售人员要满足顾客这种要求并不难。但是如果货源紧张，甚至同款家具刚好只剩下最后一件样品了，那么顾客的要求就很难满足。

在这种情况下，家具销售人员要诚恳、礼貌地跟顾客沟通，向顾客解释这款家具目前很畅销，已经没有库存，并将“最后一件”作为卖点给顾客适当地施加压力，以推动顾客抓紧机会购买。如果顾客固执己见不买账，家具销售人员要及时想其他办法满足顾客的要求，比如从其他分店调货，给予顾客一定优惠，或者请顾客留下电话号码和订金，等新货到时再通知顾客。

话术示范

范例 1

顾客：“这款家具还不错，就要它了。你再给我拿一件新的吧。”

家具销售人员：“哎呀，真是不好意思，先生，这款家具就剩这一件了。因为我们同款的家具都不会进货太多，而且有很多老顾客都喜欢到我们这儿来买家具。幸好您来得及时，如果您晚来一步，恐怕连这最后一件都买不到了。”

（先向顾客表示诚恳的歉意，然后告诉顾客他要买的家具属于紧俏款，同时用“最后一件”给顾客制造紧迫感，促使顾客做出购买决定）

顾客："哦……"

（顾客显得有些犹疑）

家具销售人员："您放心，这件家具刚摆在这里不到 2 个小时，是全新的，您就放心地用吧。"

（用家具是全新的消除顾客的疑虑）

顾客："不行，摆出来的样品我可不要！"

家具销售人员："先生，要不您先坐一会儿，我打电话给附近的分店，尽快给您调一件过来？"

（如果附近有分店，可以采取调货的方法满足顾客的要求）

顾客："好的。"

范例 2

家具销售人员："姐，这款家具看着挺不错的吧？"

顾客："嗯，不错，就要它了。你给我拿一件新的吧。"

家具销售人员："哎呀，姐，真是很抱歉，刚刚您看的这件就是全新的，刚刚摆出来 1 个小时，还没有其他顾客摸过。而且这是我们库存的最后一件了，您运气可真好，要是您晚来一会儿，恐怕连它的面都见不着了！"

（先向顾客表示诚恳的歉意，然后用家具是全新的打消顾客的疑虑，同时用"最后一件"给顾客制造紧迫感，促使顾客做出购买决定）

顾客："不行，这件我肯定不要！"

家具销售人员："姐，这款家具我们库房确实没货了。要不这样吧，您留下您的电话号码和订金，等新货一到我立刻打电话通知您，好吗？"

（请求顾客留下电话和订金，为后续的销售做铺垫）

范例 3

家具销售人员："姐，这款家具看着挺不错的吧？"

顾客："嗯，不错。你给我拿一件新的吧。"

家具销售人员："哎呀，姐，真是很抱歉，这款家具最近卖得非常火，目前只剩下这一件了，其他分店也已经断货了，我们想调货都没处调。其实这件也是全新的，刚刚摆出来不到1个小时呢，而且刚才您也试用过了，材质和质量绝对没问题，款式和颜色您也喜欢……”

（先向顾客表示诚恳的歉意，然后用销售紧俏和“最后一件”给顾客制造紧迫感）

顾客：“不行，样品我肯定不要！”

家具销售人员：“姐，要不这样，为了留住您这个顾客，也为了表示我们的诚意，如果您决定现在就要的话，我帮您跟店长申请一下，争取给您打个8折，你觉得怎样？”

（用申请打折的方式促使顾客成交）

情景71

经过一番试用和讨价还价后，顾客决定购买家具

情景描述

经过一番试看、试用和讨价还价后，顾客最终选购了一套沙发。

⊗ 错误应对

1.“请慢走，欢迎下次光临！”

（这种说法过于机械、平淡，很难给顾客留下深刻印象）

2.“谢谢光临，再见。”

（这种说法毫无特别之处，同样无法给顾客留下深刻印象）

情景解析

在销售实践中，很多家具销售人员往往只注重成交前客情关系的维护，而成交之后，顾客的心理感受如何，则很少有人去关注。殊不知，成交后的这段时间恰恰是最容易出现问题的时间，同时也是最能巩固客情关系的时间。很多顾客在购买完家具后，想得最多的一个问题就是“这套家具我买得到底值不值”，在这个问题的驱使下，顾客可能会向亲朋好友征询评价和意见，也可能会自己下意识地进行比较，以判断自己是买亏了还是买赚了。

因此，顾客购买完家具后，家具销售人员要学会给顾客一颗“定心丸”吃。正确的做法是：祝贺顾客做出了明智的选择，购买到了称心如意的家具（最好再次强调一下家具的特色和卖点，让顾客觉得物有所值），让顾客对此次成交充满信心；同时还要对顾客给予适当赞美，以便给顾客留下满意、愉快的购物体验。

另外，为了让顾客获得理想的使用体验，延长家具的使用寿命，家具销售人员最好向顾客介绍一下家具的清洁、保养方法和使用时的注意事项。当顾客准备离开时，家具销售人员要真诚、面带微笑地向顾客道别，要尽量避免使用“慢走”“走好”之类的道别语，多使用“欢迎再来”“欢迎下次光临”等。

话术示范

范例 1

家具销售人员：“姐，您眼光真好，恭喜您买到了这么超值的沙发。如果您先生有时间，下次一定要带他一起过来哦！我们下周会到一批最新款式的橱柜，非常适合您这样的新家庭使用。希望以后还能为您服务，谢谢您的光顾，欢迎您下次光临！”

（祝贺顾客做出了明智的选择，同时告诉顾客家具店近期的经营动向，并邀请顾客再次光临）

范例 2

家具销售人员：“先生，您选家具真有眼光和品位，这款沙发是很多讲究生活品位的男士最钟爱的款式。对了，这款沙发因为是……材质的，所以您在使用和清洁时需要注意以下几点……”

（赞美顾客，祝贺顾客做出了明智选择，同时向顾客介绍家具的清洁、保养方法和使用注意事项）

顾客：“好的，谢谢。”

家具销售人员：“不客气。谢谢您的光临，有什么问题请随时联系我们的客服，或者直接找我也行！”

（礼貌地与顾客道别）

范例 3

家具销售人员：“先生，恭喜您挑选了一套称心如意并且与众不同的沙发，相信您使用以后一定能博得周围朋友羡慕的眼光和赞誉之声。请您放心，我们的售后服务人员会准时把沙发送到您家里的。欢迎您常来坐坐！”

（祝贺顾客做出了明智的选择，并用规范的售后服务让顾客觉得物有所值，同时用朋友式的语气邀请顾客再次光临）

情景 72

顾客买完家具后，你向顾客推荐相搭配的产品，顾客却说不需要

情景描述

顾客看中了一款六门衣柜，家具销售人员在顾客决定购买后，向顾客

推荐了一款和衣柜配套的顶柜，但是顾客却说不需要："我只要衣柜，顶柜暂时不需要。"

⊗ 错误应对

1. "买一个吧，这款顶柜和那款衣柜挺配的。"

（这种说法显得机械、空洞、苍白无力，很难打动顾客，让顾客做出连带购买的决定）

2. "那好吧，您请慢走，欢迎下次光临。"

（这是一种消极应对方式，不但无法取得连带销售的成功，而且有下逐客令的味道）

3. "顶柜和衣柜是一套，不单卖。"

（这种说法的言外之意是"你要么两个都买，要么一个都别买"，有强买强卖和威胁顾客的味道，很容易引起顾客的反感）

情景解析

销售专家经过研究指出，当顾客实际购买的商品比原本打算购买的商品更多时，他们的内心会产生更大的满足感；相反，如果实际购买的商品没有达到预计的数量时，他们的内心则会产生一种不满足感。

连带销售不但可以提升家具店的销售额和家具销售人员的销售业绩，而且还能更好地满足顾客的需求。例如某位顾客买了衣柜而忘了买内柜，他就不得不再跑一次家具店，这无疑会为顾客带来很多麻烦和不便，而连带销售恰好可以帮顾客避免这些麻烦。因此，家具销售人员在顾客完成一单家具的购买后，一定要尝试向顾客进行连带销售，即根据顾客的实际情况或需要，提醒或建议他配置与该家具产品相关的其他家具产品，引导顾客继续消费。

为了提高连带销售的成功率，家具销售人员还要注意讲究方式方法：首先，家具销售人员要把握好连带销售的时机，最好在顾客已经确认要购买了，但是还没完成付款时进行连带销售。其次，家具销售人员要给顾客一个足以打动其购买的理由，推荐话术要有根有据、合情合理，并且要表现出你是在为顾客着想，而不是单纯为了推销家具，这样才不会让顾客反感。比如：顾客决定要购买一套六门衣柜，家具销售人员在开销售单时，提醒顾客是否需要配备一个顶柜，顾客觉得加配一个顶柜的确能给生活带来很多方便，于是便同意了，这就是一种成功的连带销售。

此外，连带销售能否成功，还在于家具销售人员是否掌握了不同家具的搭配知识，比如：在顾客买床时向其推荐床垫或床头柜，在顾客买餐桌时向其推荐餐椅，在顾客买衣柜时向他推荐内柜、顶柜等。这就要求家具销售人员平时对家具搭配知识多进行学习和研究，这样在向顾客进行连带销售时，才能确保所推荐的关联家具让顾客满意，让顾客有一种锦上添花的感觉。

如果顾客不接受你的连带销售，并且态度非常坚决，那么也不要勉强顾客，可以问问顾客其亲戚朋友有没有购买家具的需要，让顾客帮忙介绍过来。这在销售中叫“借力打力”法，即利用现有的顾客关系，连带出一系列新的销售增长点。

范例 1

家具销售人员：“您好，冒昧地问一下，您有跟这款衣柜搭配的顶柜吗？”

顾客：“没有。”

家具销售人员：“其实这款衣柜您可以搭配一款顶柜，您这边请……”

(边跟顾客探讨家具搭配，边把想要连带销售的家具产品搭配给顾客看，看能否打动他)

顾客：“嗯，看着还不错。”

家具销售人员：“谢谢您的认可和夸奖。其实这款顶柜和您这款衣柜挺搭配的，您看它们的材质……它们的款式……它们的颜色……”

(引导顾客发现组合搭配的效果)

范例2

家具销售人员：“姐，您可真有眼光，这款衣柜是我们店卖得最好的一款。很多顾客一进店门就看中了这款，不过大部分顾客都是衣柜、顶柜一起买，尤其是这款顶柜，和这款衣柜最搭了。您再顺便带一个顶柜吧，不仅使用起来更方便，而且搭配起来更好看，更显品位。”

（针对顾客所购买的家具提出搭配意见，以刺激顾客连带购买）

顾客：“我只要衣柜，顶柜就不要了。”

家具销售人员：“您买不买没关系，可以把它们放在一起感受一下效果。”

（引导顾客体验搭配效果）

顾客：“不好意思，顶柜我确实不需要了，谢谢。”

家具销售人员：“没关系，以后有需要请再次光临，您也可以介绍您的朋友过来看看。”

（适时停止连带销售，并为将来顾客再次登门和转介绍做好铺垫）

情景73

顾客问“你们的售后服务怎么样，家具出现问题你们负责吗”

情景描述

顾客选择好家具后，有点不放心地向家具销售人员问道：“你们的售后服务怎么样啊？如果家具出现问题你们负责吗？”

⊗ 错误应对

1.“您放心，我们的售后服务绝对包您满意！”

（这种说法属于套话，而且有信口开河的味道，会给顾客一种不可靠、不可信的感觉）

2.“在售后服务上我们跟其他品牌家具店一样！”

（这种回答模糊不清，会给顾客一种模棱两可的感觉，很容易让顾客对家具店的售后服务产生质疑）

3.“我们的家具在质量上绝对有保证，所以您完全不必担心售后服务问题。”

（这种说法过于绝对，而且是一种答非所问的回答方式，很难让顾客信服）

情景解析

售后服务是顾客和家具店都非常重视的问题，因为它既是保护顾客权益的最后一道防线，也是家具店赢得顾客信任、提高顾客满意度和忠诚度的最重要环节。当顾客询问家具店售后服务方面的问题时，通常是他们准备成交的重要信号，家具销售人员一定要注意把握这个成交的大好时机。

当顾客进行类似的询问时，为了打消顾客的疑虑和担心，同时提高顾客的信任度和满意度，家具销售人员首先要对顾客表示理解和认同，然后向顾客清楚地说明家具店在售后服务方面的具体保障措施，如三包服务、售后服务热线、规范的售后服务流程等，以便让顾客放心购买。为了增加说服力，家具销售人员还可以为顾客提供家具质量保证的证据，如家具店或品牌获得的荣誉等，或者向顾客讲述一些老顾客的售后服务案例。待回答完有关售后服务的问题并获得顾客积极的反馈后，家具销售人员要主动向顾客提出成交请求。

话术示范

范例 1

顾客：“你们的售后服务怎么样啊？如果家具出现问题你们负责吗？”

家具销售人员："先生，您问这个问题我非常理解，售后服务问题确实非常重要，我上次买了一台电脑，结果不到一年就坏了 3 次，偏偏他们的维修站点还很少，搞得我非常麻烦。不过您放心，我们的家具是全国知名品牌，在售后服务方面绝对是有保障的，而这也是我们的品牌领先于市场的最重要原因。而且为了消除顾客的后顾之忧，我们对所有卖出的家具实行'售后服务承诺书'制度，您看，这边墙上挂的就是我们的售后服务承诺书，所以您完全可以放心购买。不过，您需要注意保存好我们开具的购物票据等有效凭证，以确保您能享受我们为您提供的优质服务。"

（首先对顾客表示理解和认同，然后向顾客说明家具店在售后服务方面的具体保障措施）

顾客："嗯。"

家具销售人员："我现在就为您开单，好吗？"

（主动向顾客提出成交请求）

范例 2

顾客："你们的售后服务怎么样啊？如果家具出现问题你们负责吗？"

家具销售人员："先生，我很理解您对售后服务问题的关注，我有个同学去年在一家建材市场购买地板，就因为没有重视售后服务问题，结果出了问题没人负责，搞得他整个人都崩溃了。所以，我们购买大宗物品一定要重视售后服务问题。"

（对顾客表示理解和认同）

顾客："对啊。"

家具销售人员："不过，先生请您放心，我们的家具连锁店遍布全国各地，很多人都在购买和使用我们的家具，并且顾客口碑非常好。而且我们在售后服务方面也做得非常专业和到位，只要您拨打我们会员卡上的服务热线，我们的售后服务人员就会在第一时间为您解决问题，所以您完全不必担心。"

（向顾客说明家具店在售后服务方面的具体保障措施）

顾客："嗯。"

家具销售人员：“我现在就为您开单吧，好吗？”

（主动向顾客提出成交请求）

范例3

顾客：“你们的售后服务怎么样啊？”

家具销售人员：“先生，我们的家具之所以被评为全国知名品牌和全国消费者放心品牌，不只是因为我们的家具质量优良，最重要的是我们拥有一套规范、完善的售后服务体制。”

（向顾客介绍家具店获得的荣誉，以及家具店在售后服务方面的具体保障措施）

顾客：“你光说这个没用，如果家具在使用过程中出现质量问题，你们怎么处理？”

家具销售人员：“先生，上个月有一位姓赵的顾客在我们这里买了一套橱柜，上周他打电话给我们，说他家孩子在玩耍时不小心撞倒了橱柜，碰掉了上面的一块漆，要求我们去修理。他是上午9点半给我们打的电话，结果我们的售后服务人员不到10点半就到了他家，并免费为他解决了问题。为此他对我们的售后服务非常认可，并且还介绍他的邻居来我们这里购买了一套书柜呢！”

（向顾客讲述老顾客的售后服务案例，以消除顾客的疑虑和担心）

第七章

用服务赢得顾客的好口碑

——售后服务情景训练

交易的结束并不意味着家具销售人员的销售工作画上了圆满的句号，交易的后续事项更需要家具销售人员认真、谨慎地对待，因为这不仅关系着顾客满意度和忠诚度的提升，更关系着家具销售人员能否通过老顾客的口碑宣传为公司和自己赢得更多的新顾客和生意。因此，家具销售人员一定要高度重视售后服务的重要性。售后服务做得好，就能把顾客的不满转化为满意，锁定顾客的信任和忠诚；售后服务做不好，则会失去顾客的信任和忠诚，导致顾客的流失。

情景 74

顾客买完家具后，家具销售人员想登记顾客的信息资料，顾客却不愿意配合

情景描述

顾客购买完家具后，家具销售人员想以办理 VIP 会员卡为由，收集顾客的信息资料，可是顾客却不愿意配合："不用了，会员卡对我来说没什么用。"

⊗ 错误应对

1. "怎么会没用呢？办了会员卡以后再消费就可以享受会员折扣了，很划算的。"

（这种"利诱法"人为地将顾客归为爱贪图小便宜的类型，只能打动爱贪图小便宜的顾客；如果顾客是一个爱面子且不爱贪便宜的人，这种说法不但对顾客起不到作用，还可能让顾客感觉不舒服、没面子）

2. "您只需留一下姓名和电话就行了，您放心，我们不会骚扰您的。"

（尽管留个姓名和电话是非常简单的事，但是顾客凭什么要给你留呢？所以，家具销售人员在收集顾客的信息资料时，一定要给顾客一个充分且合理的理由，即为什么要留？留下后有什么好处？这样才能说服顾客）

3. "那好吧，谢谢您的惠顾。"

（这是一种消极应对方式，并且隐含着对顾客的不满和逐客的味道，很容易导致顾客的不满和流失）

情景解析

对于家具店来说，老顾客是最重要、最宝贵的资产。如果一个家具店

的老顾客数量不断增加，忠诚度也不断提高，那么这个家具店必然前景无限。因此，让新顾客变成老顾客，让老顾客越来越多，光临家具店的频率越来越高，是每个家具店都应该努力去做的事情。而要想做好这件事，就要求家具销售人员学会收集顾客的信息资料。但是，让顾客留下自己的信息资料并非一件易事，这在很大程度上依赖于家具销售人员得体的沟通技巧和巧妙的话术铺垫，以便建立顾客充分的信任感和安全感，从而使其心甘情愿地提供自己的真实资料。

在具体操作时，家具销售人员应该事先准备好顾客个人资料登记本，以备随时取用；为了赢得顾客的配合，使其无法拒绝，家具销售人员在询问顾客的个人情况时一定要注意方式方法，最好是在诚恳、热情中略微给顾客施加一点“诱惑”和“压力”，具体策略如下：

虚心请教

比如家具销售人员可以说：“姐，不好意思，为了更好地改进我们的服务，请问您不愿意办会员卡的原因是什么呢？是不是我们的工作做得不到位？我是真心实意地向您请教。”这种虚心的请教，往往既能让顾客感受到尊重，同时又感觉到一种不得不配合你的压力。

利益诱惑

即通过强调办理会员卡以后可以享受贵宾优待（如贵宾折扣、累计积分冲抵现金等）的方式诱导顾客。比如家具销售人员可以说：“其实办会员卡有很多好处，凭借我们的会员卡，您下次再消费时不仅可以享受我们的贵宾折扣，而且还可以免费参加我们的很多会员活动。”

范例 1

家具销售人员：“先生，我们现在正在搞满 2000 送会员卡的活动，您只要留下姓名和电话，就可以成为我们的 VIP 会员。”

顾客：“不用了，会员卡对我来说没什么用。”

家具销售人员：“不好意思，先生，为了更好地改进我们的服务工作，我想向您请教一下，您对我们的会员卡有什么不满意的地方吗？”

（先礼貌地向顾客致歉，然后以真诚请教的口吻询问顾客不愿办会员卡的原因）

顾客：“没有。我之前在别的家具店也办过会员卡，但是后来买家具时发现也没什么优惠，所以……”

家具销售人员：“是这样的，先生，您在我们店办了会员卡以后，下次持卡再消费时就可以享受8折优惠了，很划算的。而且我们会不定期地举行一些回馈老顾客的优惠活动，比如下个月我们会举行6周年店庆大酬宾活动/顶级室内设计专家现场咨询活动。办了会员卡以后，您就可以免费参加这些活动了。”

（由顾客的回答可以看出，他是一个买东西“贪便宜”的人，所以要着重向顾客强调会员卡的福利和优惠）

范例2

家具销售人员：“姐，我们现在正在搞满2000免费送会员卡的活动，您只要留下您的姓名和电话，就可以成为我们的VIP会员。”

顾客：“不用了，会员卡对我来说没什么用。”

家具销售人员：“不好意思，因为您是我们的贵宾，我们希望我们的贵宾服务能够越做越好，所以能不能麻烦您告诉我，是什么原因让您不愿意办我们的会员卡呢？”

（先抬高顾客的价值和身份，满足顾客的虚荣心，以求得顾客的配合，然后再真诚地询问顾客拒绝办会员卡的原因）

顾客：“也不是不愿意办，只是姓名和电话这么重要的个人信息我不想随便告诉外人，现在的电话诈骗、网络诈骗这么猖獗……”

家具销售人员：“哦，原来您担心这个啊，您放心，我们店对顾客的信息实行严格保密制度，而且由专门人员统一保管，所以绝对可以保证您的信息安全。您就放心吧。”

（由顾客的回答可以看出，她是一个安全意识很强的人，所以要着重向顾客强调公司的保密制度和安全系数）

情景 75

成交后，顾客说有事情会跟家具销售人员联系

情景描述

顾客买完家具后，对家具销售人员说："以后有什么事情或需要，我会给你打电话的。"

⊗ 错误应对

1. 觉得万事大吉了，不再与顾客联系。

（与顾客成交后，家具销售人员一定要主动联系顾客，不要等到顾客有问题时才被动跟顾客联系，否则很容易导致顾客的不满和投诉）

2. 三天两头给顾客打电话。

（售后跟进是家具销售人员服务工作的重要部分，但是也要注意频率和尺度，否则很容易引起顾客的腻烦）

情景解析

购买完家具后，有些顾客可能会对家具销售人员说："以后有什么事情或需要，我会给你打电话的。"家具销售人员千万不要对这样的话信以为真，这其实只是顾客的一句客套语。换句话说，交易结束后，家具销售人员一定要及时对顾客进行跟进服务，因为这直接关系着顾客对本次购物的满意程度，也关系着顾客能否为家具销售人员介绍更多的新顾客。

家具销售人员可以按照以下计划来安排自己的售后跟进工作：送货期间跟顾客联系一次，及时向顾客反馈送货的进展情况；顾客收家具时跟顾客联系一次，看顾客对收到的家具以及安装人员的服务是否满意；重大节

假日或顾客生日时给顾客打个电话或发个微信，送上节日或生日祝福。

范例1

家具销售人员：“周先生，您好，我是××家具店的小刘。”

顾客：“哦，小刘啊。找我有什么事吗？”

家具销售人员：“没什么特别的事，我就是跟您汇报一下，我们总公司那边派出的安装人员已经在路上了，预计明后天就能把您定的家具送到您家里。请您静候佳音吧。”

（及时向顾客反馈送货的进展情况）

顾客：“谢谢你，小刘，你费心了！”

范例2

家具销售人员：“周先生，您好，我是××家具店的小刘。”

顾客：“哦，小刘啊，你好。”

家具销售人员：“周先生，您的家具今天收到了吧，感觉怎么样，对我们的家具和安装人员的服务还满意吗？”

（了解顾客对家具以及安装服务的满意程度）

顾客：“挺好的，谢谢你了小刘。”

家具销售人员：“不客气，这都是我应该做的。对了周先生，如果您周围有朋友要买家具，一定要帮我介绍一下啊。我在这里先行表示感谢了。”

（要求顾客转介绍）

范例3

家具销售人员：“周先生，我是××家具店的刘××。今天是中秋节，祝您和您的家人节日快乐。6个月前您在我们这里买了一套家具，非常感谢您对我们的信任和支持。”

（节假日时，家具销售人员打电话问候顾客，并且说出家具店以及自己的名字，以加深顾客的印象）

顾客：“谢谢。”

情景 76

顾客购买的家具未能按时送到，顾客要求退货

情景描述

顾客购买了一套厨具，家具公司答应七日内送货上门并免费安装，但是过了半个月安装人员也没有把厨具送到。顾客非常气愤，于是到家具店要求退货："你们说好七日内送货上门并免费安装的，现在都过去半个月了，连个影子都没见着。厨具我不要了，给我退了吧。"

⊗ 错误应对

1."您不要着急，我会向公司领导反映这件事的。"

（这是一种典型的套话，很难消除顾客的不满情绪）

2."对不起，这个我们也没有办法，安装人员是由公司总部安排的。"

（这属于一种典型的内部推诿，只会引起顾客更大的不满，并且加深顾客对家具品牌的负面印象：连安装服务的时间都保证不了，可见你们的家具品牌也好不到哪儿去）

3."您再等两天就到了，送家具的车已经在路上了。"

（这属于一张空头支票，对顾客来说没有任何说服力，很多顾客听到这样的回答，往往会更加不满和气愤）

情景解析

在家具买卖中，经常会出现安装人员未能按时送货安装的情况。导致这种情况的原因是多方面的：有的是厂商方面的原因造成的，有的是经销

商方面的原因造成的，还有的是安装人员自身的原因造成的。无论是上述哪种原因造成的，家具销售人员都有责任、有义务帮助顾客尽快把问题解决掉。

顾客购买家具时向顾客作出了送货安装的时限承诺，顾客却没有在承诺的时间内收到家具，其内心的焦急和不满是可想而知的。所以当顾客提出这方面的投诉时，做好解释和情绪安抚工作是关键。具体来说，家具销售人员应该做好以下几方面的工作：

首先，要耐心、认真地倾听顾客的诉说，了解清楚事情的具体情况，并对顾客的心情表示理解，安抚顾客的激动情绪。

其次，必须向顾客明确一点，没有按照承诺的时间送货安装，不管是哪方面的原因造成的，都是自己的错，要勇于承认错误和承担责任。

再次，要将未能按时送货安装的原因仔细、如实地跟顾客解释清楚，以打消顾客的疑虑和担心，赢得顾客的理解和谅解，比如家具销售人员可以说："真的很抱歉，由于……原因，我们没有及时派人给您送货安装，给您造成了很大的不便，请您谅解！"

最后，要向顾客提供解决问题的方案，争取赢得顾客的满意，比如家具销售人员可以说："先生，我们正在跟公司总部取得联系，我们会在半小时内给您一个满意的答复！"

只要做好上述几方面的工作，大部分顾客都会给予理解的。最要命的就是想方设法推诿责任，并且不采取任何有效的行动和措施，这是最令顾客不满和气愤的。

另外，为避免类似投诉的出现，一旦出现送货安装超过承诺时限的情况，家具销售人员要第一时间与顾客沟通，以便让顾客及时掌握送货安装的进展情况。

范例 1

顾客："小刘，你们是怎么回事，说好我买的厨具七日内送到并免费安装，这都半个月了，怎么还没给送到？算了，我不要了，给我退了吧。”

家具销售人员：“尹先生，您别着急，先坐下来喝杯水。”

（安抚顾客的情绪）

顾客：“买的时候你们承诺得那么好，结果却是这样。你们的服务这么差，还让顾客以后怎么相信你们！”

家具销售人员：“真是不好意思，我正准备找您谈谈这个问题呢。是这样的，半小时前总公司那边刚给我打过电话，说安装人员在路上出了乱子，配合相关部门处理事情给耽搁了，所以没能及时送货安装，给您造成了很大的不便，请您多多谅解！”

（先向顾客道歉，然后向顾客解释原因，希望求得顾客的谅解）

顾客：“那不行，我以前使用的旧厨具已经当废品卖了，我们家已经好几天没办法做饭了，吃了一星期的快餐了。你们的安装人员迟迟不到，难道还要我们再吃一个星期的快餐？”

（顾客表明自己的难处，要求赶快收到家具）

家具销售人员：“嗯，我明白……要不这样，我再跟总公司那边打电话催一下，让他们务必在这两天把厨具送到您家里。为了补偿您的损失，我跟总公司再给您申请一件配套的赠品，您觉得怎么样？”

（向顾客提供解决问题的方案）

顾客：“嗯，这还差不多。”

范例 2

顾客：“小刘，你们是怎么搞的，我的厨具都买了快半个月了，怎么还没送来？你们的生意是不是不想做了？”

家具销售人员：“尹先生，您这是说的哪里话！来，您先请坐。”

（先安抚顾客焦躁的情绪）

顾客：“你今天非得给我个说法不可！”

家具销售人员：“来，您先喝杯水。我正想给您打电话说这件事呢。前些日子，公司派出的安装人员在半路上突发心脏病住院了，所以耽搁了送货时间，还请您多多谅解。您放心，公司已经另派了别的安装人员给您送货了，您的厨具明天或后天就能送到了。”

（向顾客解释原因，希望求得顾客的谅解）

顾客：“哦，原来是这样，你也不早告诉我一声。”

家具销售人员：“实在是非常抱歉，我也是半小时前才接到总公司的电话。您放心，送货师傅现在正在路上，您就安心在家等着吧。”

（向顾客作出承诺，消除顾客的担心）

顾客：“嗯，问清楚我就放心了，要不然我的心老是悬着。”

情景 77

顾客情绪激动，一进门就大声嚷嚷说家具质量太差

情景描述

顾客情绪非常激动，一进门就大声嚷嚷：“你们这是什么破家具啊……”

⊗ 错误应对

1. 置之不理、敷衍了事，或不及时采取应对措施。

（这种做法会使顾客觉得自己没有得到应有的尊重和重视，导致顾客的情绪更加激动，不但无益于问题的解决，而且可能引发更大的矛盾）

2. 为尽快安抚顾客的情绪，直接在门店处理顾客的问题。

（处理顾客投诉最好单独找一个安静的环境，直接在门店处理，很容易影响其他顾客的情绪和其他同事的正常工作）

3. 态度强硬，要求顾客保持冷静，或者与顾客进行针锋相对的争执。

（这种做法只能使顾客的情绪进一步激化，不但对问题的解决毫无益处，还可能使事态进一步扩大）

情景解析

通常情况下，上门投诉的顾客情绪都会比较激动，言辞也会比较激烈，因此，家具销售人员一定要注意处理的方法和技巧：

首先，家具销售人员要单独为顾客提供一个安静、私密的接待空间，这样不仅有利于阻止不利信息对外扩散，而且能使顾客觉得受到了重视和尊重。如果直接在门店处理问题，由于有其他顾客在场，很容易对家具店的信誉和形象造成负面影响，同时也会妨碍其他同事的正常工作。

其次，家具销售人员要给顾客一段情绪缓冲的时间，待顾客情绪平稳后，家具销售人员要引导顾客说出事情的原委。在顾客叙述的过程中，家具销售人员要耐心倾听，必要时记录下要点。了解完情况后，家具销售人员要对顾客表示理解和认同，并向顾客表达想要为其解决问题的诚意。

最后还要强调一点，无论前来投诉的顾客友善与否，家具销售人员都要保持冷静的心态和良好的处理态度，避免跟顾客发生冲突。

话术示范

范例 1

顾客：“你们这是什么破家具啊，质量太差了，赶紧给我退了！”

（顾客情绪非常激动）

家具销售人员：“黄先生，您别着急，有什么问题我马上为您解决。来，您请到贵宾室坐，有什么事咱们慢慢说。来，您先喝口水。”

（把顾客请到贵宾室，并递上茶水，以便稳定顾客的情绪）

顾客：“谢谢。”

家具销售人员：“请问出了什么问题？为什么您突然想退货？”

顾客：“……”

家具销售人员：“您的心情我非常理解，换作是我肯定比您还激动，不过……"

（先对顾客表示理解、认同，然后向顾客解释）

范例 2

顾客："你们这是什么破家具啊，赶快把你们店长给我叫出来！"

家具销售人员："黄先生，您先别着急，有什么问题您先告诉我们，我们一定好好为您解决。来，您先到贵宾室休息一下，喝杯水，有什么事慢慢说。"

（先平复顾客的情绪）

顾客："少来这套，赶快叫你们店长出来！"

家具销售人员："对不起，我们店长有事出去了，我这就打电话通知他回来。"

（适当拖延，让顾客先冷静一段时间）

顾客："嗯，这还差不多。"

家具销售人员："（打电话给店长，然后向顾客回复）我们店长正在回来的路上，一会儿就到。您能先告诉我出了什么问题吗？"

（向顾客询问事情的原委）

顾客："……"

情景 78

顾客投诉安装服务人员服务态度太差

情景描述

顾客因安装人员服务态度差，打电话到家具店进行投诉："你们的安装人员服务态度太差了，安装完把我们家弄得乱七八糟的，让我们自己清理！”

⊗ 错误应对

1.“不可能，我们的安装人员素质一向很好的/不会吧，我们对安装人员的要求很严格的，绝对不会出现这种事情。”

（这种无谓的辩解有偏袒同事的嫌疑，同时也是对顾客诚信的否定，不仅会加深顾客的反感，而且会损害家具店的信誉和形象）

2.“有什么问题您打我们公司的服务电话反映，我解决不了。”

（这种说法明显是在推卸责任，很可能使顾客更加不满，导致事态进一步恶化）

3.“这种问题我也没办法，安装人员是我们总部派出的，不归我们管！”

（这种说法是推诿责任的表现，缺乏为顾客解决问题的诚意，不但容易激化双方的矛盾，而且有损家具店的信誉和形象）

情景解析

家具安装人员服务态度差是造成顾客投诉的重要原因之一，比如家具安装人员说话不当、专业技巧不足、对顾客怠慢、做事不负责任等，都有可能引发顾客的不满和投诉。顾客投诉一旦发生，负责接待的家具销售人员一定要及时、认真、正确地处理，否则很容易让顾客的不满和投诉升级。

处理类似的顾客投诉，需将重点放在顾客不满情绪的释放上，因为顾客家里被安装人员弄得乱七八糟，心情一定非常糟。家具销售人员首先应该认真、诚恳、耐心地倾听顾客的陈述，并及时向顾客承认错误、表示歉意，以缓解顾客的不满情绪。

待顾客说完后，如果家具销售人员觉得顾客投诉的问题在自己的职权和责任范围内，那么应该迅速为顾客提供解决方案，比如可以说：“我们愿意为此承担全部责任，我们会马上派人过去给您清理。”这时一定要向顾客强调“马上、立刻”等字眼，以示自己为其解决问题的诚意。如果顾客投诉的问题超出了自己的职权和责任范围，则应该诚恳地向顾客表示，其投诉的问题一定能得到认真、妥善的处理，然后迅速向上级反映并跟进，直至问题妥善解决。最后，家具销售人员要对顾客的投诉表示真诚的感谢，并及时对顾客进行回访，了解顾客的满意程度。

范例 1

家具销售人员：“您好，这里是 ×× 家具店，请问有什么可以帮到您？”

顾客：“你们家具店的安装人员服务态度太差了，安装完以后把我们家弄得乱七八糟的，让我们自己清理。这就是你们对待顾客的态度吗？像你们这种服务态度生意还能做长吗？”

家具销售人员：“王姐，发生这种情况我们感到非常抱歉，这一切都是我们的错，由于我们管理不周，所以才会给您造成这么大的麻烦！”

（及时向顾客承认错误、表示歉意，以缓解顾客的不满情绪）

顾客：“你们的安装人员真是太不像话了！”

家具销售人员：“王姐，您刚才所说的情况我已经记下来了，等会儿我就向店长汇报这个事情，让他对涉事的安装人员进行批评和处罚。稍后我们会马上派人过去给您清理，您看可以吗？”

（向顾客表示会对其投诉的问题进行妥善处理，并为顾客提供解决方案，以示对顾客的重视和尊重）

顾客：“嗯，这还差不多。”

范例 2

家具销售人员：“您好，这里是 ×× 家具店，请问有什么可以帮到您？”

顾客：“你们家具店的安装人员服务态度太差了，安装完以后把我们家弄得乱七八糟的，让我们自己清理，真是太不负责任了！”

家具销售人员："李先生，真的很抱歉，出现这种问题确实属于我们的责任，我们会立即派专业的保洁人员到您那儿给您清理一下。希望这样的处理方式能令您满意。"

（及时向顾客承认错误、表示歉意，以缓解顾客的不满情绪，然后在自己的职权范围内向顾客提出解决方案）

顾客："嗯，这还差不多。"

家具销售人员："李先生，非常感谢您对我们的批评和监督，我们一定会加强管理，避免再出现类似的问题。祝您心情愉快！"

（对顾客的投诉表示感谢，并向顾客表示改正错误的决心）

情景79

顾客嫌家具质量太差，不到半个月就出现了裂痕

情景描述

一位老顾客走进家具店，家具销售人员上前打招呼，顾客有些不满地说："你们的家具质量也太差了吧，我上次买的衣柜还不到半个月，封边和漆面就开裂了！"

⊗ 错误应对

1."不会吧？那款衣柜我们这个月已经卖了几百件了，从来没有出过这种问题。"

（这种说法的言外之意是怀疑顾客在说谎，这是对顾客人格和诚信的侮辱，会严重伤害顾客的自尊心）

2. “这种材质的衣柜就那样，用一段时间都会开裂。”

（这种说法无异于承认了顾客的观点，不但无法消除顾客的不满，反而会进一步增强顾客的不满）

3. “肯定是您使用时操作不当造成的。”

（这种说法直接把问题的责任推给了顾客，是一种不负责任的说法，很容易引发顾客更大的不满）

4. “那么便宜的衣柜，您还想好到哪儿去啊！”

（这种说法的言外之意是出不起价钱就买不到好家具，会伤害顾客的面子和自尊心，不利于问题的解决）

5. “看衣柜开裂的情形，应该是货运公司在运输过程中造成的，这不属于我们的责任。”

（这种说法把问题的责任推给了第三方的货运公司，即便家具销售人员说的是事实，也会给顾客一种推卸责任的坏印象，导致顾客对家具店失去好感和信任）

情景解析

家具的封边和漆面就如同人的“皮肤”一样，开裂了会影响家具的美观，而且家具又属于持久性消费品，所以出现开裂问题，顾客肯定会比较介意。当顾客就此类问题提出投诉时，家具销售人员一定要认真对待、耐心处理。

首先，家具销售人员要向顾客表达同理心，对顾客的感受表示理解和同情，并向顾客表示歉意，比如：“这真是一件令人难过的事，对于由此给您带来的麻烦，我们表示诚挚的歉意。”

接着，家具销售人员要向顾客询问家具的开裂程度，以及顾客的使用情况和清洁的方式方法，以确定责任的归属。如果是由于人为使用不当或清洁方法不当造成的开裂，那么就不能予以退换。如果顾客的使用、清洁方法正确、得当，那么要看开裂的程度是否严重，如果开裂非常严重，那就属于家具本身的质量问题，在顾客出具有效购物凭证的情况下，要予以退换，或在征得顾客同意的情况下给予顾客一定的补偿；如果只是轻微开裂，那么就要向顾客作出明确的解释说明，并在征得顾客同意后不予退换，同时为顾客提供一些有效的解决方案，比如免费维修等。

另外，面对此类投诉，家具销售人员要弄清楚顾客是专程来投诉、退换家具的，还是主要来买家具的，只是顺便“抱怨”一下家具的问题。如果是后者，家具销售人员千万不要自找麻烦——不要在家具开裂的问题上纠缠不清，而应该及时转移顾客的注意力，迅速绕开问题点，将顾客的注意力转移到家具推荐上。

范例 1

顾客：“你们的家具质量也太差了吧，我上次买的衣柜还不到半个月，封边和漆面就开裂了！”

家具销售人员：“李先生，出现这样的事情我们感到非常难过，对于由此给您带来的麻烦，我们表示诚挚的歉意。是这样的，李先生，这种材质的衣柜或多或少都会有一些开裂的现象，所以我们一般会建议顾客在清洁和保养时注意……这样就能最大限度地避免开裂的问题。不过，还是有很多顾客喜欢用这种材质的衣柜，因为它不仅结实耐用，而且高端时尚，环保性也好。”

（先对顾客的感受表示理解和同情，并向顾客表示歉意，然后对顾客的不满作出解释，同时向顾客强调“问题家具”的优点，以消除顾客的不满）

顾客：“哦，原来是这样啊。”

家具销售人员：“嗯。对了李先生，请问您今天想看看什么家具？”

（转移顾客的注意力，以免顾客继续在“问题家具”上纠缠不清）

范例 2

顾客：“你们的家具质量也太差了吧，我上次买的衣柜还不到半个月，封边和漆面就开裂了！”

家具销售人员："啊？是吗？这个问题我可得跟公司反映一下。刘姐，请问您衣柜开裂的问题是怎么发生的？"

（先对顾客反映的问题表示出足够的重视，然后询问顾客问题发生的具体情况）

顾客："哦，我是在……"

家具销售人员："刘姐，是这样的，这种材质的衣柜和其他材质的衣柜比起来确实有点特殊，所以在打理时更需要注意……这样就能有效避免您刚才所说的开裂问题。"

（从专业角度针对顾客的问题作出解释）

顾客："哦，原来打理家具还有这么多讲究呢。"

家具销售人员："是啊，很多人就是因为嫌麻烦，所以都不愿意买这种材质的家具。其实完全没必要，只要在打理时稍微注意一下，开裂的问题是很容易避免的。而且这种材质的家具用起来既结实耐用，又高端大气，非常适合您这样讲究生活品位的家庭。对了刘姐，请问您今天想看看什么家具？"

（告诉顾客其反映的问题并非无法避免，同时向顾客强调"问题家具"的优点，然后绕开问题点，将顾客的注意力转移到此次购买上来）

范例3

顾客："你们的家具质量也太差了吧，我上次在你们这里买的衣柜，还不到半个月，封边和漆面就开裂了！你们还是大品牌呢，质量竟然这么差！"

家具销售人员："王先生，您先请坐，喝杯水暖和暖和。（待顾客情绪缓解后）我记得您在我们这里买了一套六门衣柜，您能跟我说说开裂的详细情况吗？"

（先安抚顾客的情绪，然后询问顾客问题发生的具体情况）

顾客："……我当初之所以选择你们的家具，就是看你们是大品牌，有实力。可是没想到，你们的家具竟然会出这样的问题。"

家具销售人员："王先生，我理解您的感受，家具出现这样的问题，实在是很抱歉！我们后期一定保证为您提供更好的服务。对了，除了开裂的问题，衣柜还有其他问题吗？”

（向顾客表达同理心，同时引导顾客看到家具好的一面）

顾客：“没了。”

家具销售人员：“王先生，让您这么远的跑过来，真是很对不起。对于您的衣柜，我随后会打电话给公司总部，让他们尽快给您安排更换一件。为了表示歉意，我们特意送您一份礼品，谢谢您的理解和支持。”

（用换货和赠送礼品帮顾客解决问题，争取顾客的继续支持）

情景 80

顾客说“家具我是按保养说明清洁的，怎么还是出现了掉漆 / 刮伤 / 开裂的问题”

情景描述

一位顾客上门投诉：“我前段时间买的家具是完全按照你们的保养说明清洁的，怎么还是出现了掉漆 / 刮伤 / 开裂的问题？”

⊗ 错误应对

1. “不会吧，以前从没有顾客反映过这类问题。”

（这种说法的言外之意是顾客在说谎，是对顾客诚信度和人格的否定和侮辱，很容易导致顾客的不满）

2. “不可能，您肯定没有按保养说明清洁，否则不会出现这些问题。”

（这种说法把问题的责任完全推到了顾客身上，而且从言辞和语气上看，完全是跟顾客针锋相对，不但不利于问题的解决，反而可能引发顾客

更大的不满）

3.“这种烤漆工艺的家具多多少少都会出现这种问题，我们也没办法。”（这种说法等于承认了顾客的观点，而且向顾客声明没有解决的办法，是一种不负责任的表现，很容易引起顾客更大的不满）

情景解析

掉漆、刮伤、开裂等油漆问题是实木、红木、板式家具经常出现的问题，也是很多顾客比较在意和经常投诉的问题，因此，这类投诉的处理是家具销售人员需要掌握的重点工作。当顾客提出此类投诉时，即使事实并非顾客所说的那样严重，仅仅是顾客夸大其词或主观形成的片面认知，抑或是由于顾客保养、操作不当引起的，家具销售人员也要认真对待、耐心处理，力争让顾客满意。

在处理这类投诉时，家具销售人员首先要认真聆听顾客的陈述，检查家具的掉漆、刮伤或开裂情况，迅速、准确地判断导致家具掉漆、刮伤或开裂的具体原因。如果真是由于家具质量不合格造成的掉漆、刮伤或开裂，应迅速给予顾客恰当合理的解决方案，比如退换，尽量避免因处理不当导致顾客的投诉进一步扩大。如果是顾客主观形成的片面认知或者是由于顾客保养、操作不当引起的掉漆、刮伤或开裂，则应向顾客简洁、明了地解释说明，告诉顾客正确的保养、清洁方法，消除顾客心中的负面影响和障碍。另外，处理结束后，还要用免费维修等方法努力争取顾客的继续支持。

话术示范

范例 1

顾客：“这件家具我是完全按照你们的保养说明清洁的，怎么还是出现了掉漆 / 刮伤 / 开裂的问题？”

家具销售人员：“姐，这么大老远的还让您跑一趟，真是不好意思。来，姐，您先坐下喝杯水。”

（先安抚顾客焦躁的情绪）

顾客："谢谢。"

家具销售人员："姐，您能告诉我掉漆 / 刮伤 / 开裂的情况是怎么发生的吗？"

（待顾客的情绪稳定下来后，引导顾客说出问题发生的原因和具体情况）

顾客："……"

家具销售人员："姐，按照您刚才的描述，我想问下，您是不是清洁的时候用酒精、汽油之类的溶剂擦拭家具上的污迹了？"

顾客："是的。"

家具销售人员："姐，那我不得不告诉您，问题确实是由于您保养不当引起的。烤漆家具属于高档家具，它虽然具有防潮能力强、抗腐蚀性强，耐磨性、稳定性和硬度高等特点，但还是不能用酒精、汽油等溶剂擦拭，否则会破坏家具漆膜的颜色和光泽。另外还要注意，不能让阳光长时间直射家具，否则很容易导致家具变黄；不要将开水杯等过烫的东西直接放在家具表面，最好垫一层隔热的器皿，比如茶垫等。如果您的家具出现一些顽固性污渍，可以用茶水、啤酒、白醋、柠檬、牙膏、蛋清等清洁……稍后我会把这些保养方法和注意事项整理成一个保养手册，您可以拿回去看看。"

（如果是由于顾客保养、操作不当引起的掉漆、刮伤或开裂，应向顾客简洁、明了地解释说明，并告诉顾客正确的保养、清洁方法）

顾客："原来烤漆家具的保养有这么多讲究和忌讳啊！"

家具销售人员："嗯。姐，您放心，既然家具出现了问题，我们一定会负责的。稍后我们会派售后维修人员带着色粉、士力水、颜色水、抛光水、哑光大面无痕喷剂等专业维修工具到您家，给您处理这些问题的。"

（用免费维修等方法努力争取顾客的继续支持）

范例 2

顾客："这件家具我是完全按照你们的保养说明清洁的，怎么还是出现了掉漆／刮伤／开裂的问题？”

家具销售人员：“啊，那可真是太糟糕了！不过您别着急，只要是我们家具的问题，我们一定会负责到底的。来，姐，您先坐下喝杯水。”

（先安抚顾客焦躁的情绪）

顾客：“谢谢。”

家具销售人员：“姐，您能告诉我掉漆／刮伤／开裂的情况是怎么发生的吗？”

（待顾客的情绪稳定下来后，引导顾客说出问题发生的原因和具体情况）

顾客：“……”

家具销售人员：“姐，非常感谢您把这种情况如实反映给我们，我们会立刻将这个问题汇报给公司的。姐，您先坐一会儿，我马上给公司的售后服务部打电话。”

（如果确实是家具的质量有问题，应先对顾客的投诉表示接受和感谢，然后向顾客表现出重视、诚恳的处理姿态）

家具销售人员：“（跟公司上级联系过以后）不好意思，姐，让您久等了，刚才我跟公司售后服务部的经理联系过了，他让我转达对您的歉意，并要求我立刻给您调换一件。”

（向顾客转达公司上级的歉意，让顾客感觉受到了尊重和重视，并引导顾客换货，以免顾客产生退货的念头）

情景 81

顾客看到另一家家具店同样材质、同样款式的家具价格低很多，觉得自己买亏了，于是上门要求退货

情景描述

顾客购买完家具后，在另一家家具店看到同样材质、同样款式的家具价格低很多，觉得自己买亏了，于是上门要求退货："你们也太坑人了吧，×× 家具店的家具跟你们的材质、款式都一样，价格却比你们便宜 1000 多。这家具我不要了，给我退了吧！"

⊗ 错误应对

1.“家具的价格是各家具公司定的，不是我们所能操控的。”

（这种回答虽然说的是事实，但会给顾客一种不负责任的感觉，容易引起顾客的不满，对解决问题没有任何帮助）

2.“对不起，这种情况我们是不能给您退货的。”

（这种直接拒绝顾客的说法，很容易引起顾客的不满，给问题的解决造成更大的障碍）

3.“不可能，我们家的家具在价格方面是最公道的。”

（这是一种苍白、机械的自我辩解，不但对消除顾客的不满和解决问题毫无帮助，而且会加深顾客的质疑，为问题的解决增加难度）

4.“当时是您自己看好了要买的，我们又没逼您买！”

（这种说法把责任全部推给了顾客，而且语气过于生硬，对顾客缺乏

礼貌和尊重，会让顾客觉得很不舒服）

情景解析

当顾客因价格问题觉得自己买亏了，而提出退货要求时，家具销售人员首先要对顾客的感受表示理解和认同，并勇于承担属于自己的责任，以尽量将顾客的负面影响降到最低。然后要设法探询顾客的异议点所在，即顾客想要退货的深层原因：是在前期的沟通中，家具销售人员没有把家具的材质、做工、质量、款式等卖点跟顾客介绍清楚、透彻，以致顾客产生了误解；还是顾客购买以后，去其他家具店进行了考察、比较，看到类似款式的家具在打折，抑或是听了朋友、邻居的道听途说，所以产生了"买亏"的感觉。在搞清楚顾客的异议点后，家具销售人员要尽量将其弱化，然后强化家具在其他方面的优势和卖点，比如材质、款式、生产工艺等。

需要注意的是，面对顾客类似的退货要求，家具销售人员千万不要情绪急躁、言辞激烈，跟顾客做无谓的争论，或者不耐烦，解释过于简单，否则只会给顾客一种急于推卸责任的感觉。如果店内其他顾客比较多，家具销售人员要把顾客引到相对清静的地方或顾客接待室进行解释工作，以减少对其他顾客的负面影响。

话术示范

范例 1

顾客："小刘，前两天买家具时，你一直跟我说这款家具价格实惠，没有别的店比你们更便宜了。人家的家具跟你们的材质、款式都一样，价格却比你们便宜 1000 多。你们也太坑人了吧，这家具我不要了，给我退了吧！"

家具销售人员："杨先生，您先别着急，先坐下来喝杯水，有什么事慢慢说。"

（先安抚顾客的不满和焦躁情绪）

顾客："你们这明显是欺骗行为，赶紧给我退了！"

家具销售人员："杨先生，请问您是在什么地方看到与我们类似的家具的？"

顾客："×× 家具店，我昨天陪朋友去看的，他们的家具和你们的材质、款式都一样。"

家具销售人员："杨先生，让您大老远地跑过来，真是非常抱歉。这件事其实怪我当初没跟您解释清楚，我们这套家具之所以比 ×× 家具店贵 1000 多，是因为我们的家具用的是 ×× 材料，这种材料的优点是……而对方用的是 ×× 材料；我们用的是 ×× 工艺，这种工艺的好处在于……而对方用的是 ×× 工艺。"

（先用自责的方式向顾客道歉，然后向顾客解释价格高的原因，同时向顾客强化家具的优势和卖点）

范例 2

顾客："小刘，前两天买家具时，你一直跟我说这款家具价格实惠，没有别的店比你们更便宜了。人家的家具跟你们的材质、款式都一样，价格却比你们便宜 1000 多。你们也太坑人了吧，这家具我不要了，给我退了吧！"

家具销售人员："杨先生，您先别着急，先坐下来喝杯水，有什么事慢慢说。"

（先安抚顾客的不满和焦躁情绪）

顾客："你们这明显是欺骗行为，赶紧给我退了！"

家具销售人员："杨先生，您的感受我非常理解。请问您是在什么地方看到与我们类似的家具的呢？为什么突然觉得我们的家具卖贵了呢？"

（询问顾客想要退货的深层原因）

顾客："我听我的一个同学说的，他说他在 ×× 家具店买了一模一样的家具，比你们的便宜 1000 多。"

家具销售人员："杨先生，对方的款式跟我们的差不多是很正常的，因为现在的家具都在紧追流行趋势，款式有所趋同是在所难免的，但是我们用的是 ×× 材料和 ×× 生产工艺，这种材料和生产工艺的优点和好处是……而对方用的是××材料和××生产工艺。而且您也知道，现在的家具品牌竞争这么激烈，对方很有可能是在做促销活动，价格低1000多只是暂时的。过了促销活动期，他们的价格就会上去的。”

（尽量弱化顾客的异议点，同时强化家具在其他方面的卖点和优势）

情景82

顾客说不出家具有什么质量问题，但坚持要求退货

情景描述

顾客带着几天前购买的家具要求退货，虽然尚处在退货期内，但是顾客却说不出家具有什么质量问题，只是坚持要求退货。

⊗ 错误应对

1.“您当初买的时候不是觉得挺好吗？现在又来退！”

（这种反问的语气不仅显得没礼貌，而且有责怪顾客反复无常的意思，不但不利于问题的解决，而且可能导致问题进一步扩大化）

2.“这款家具当时是您自己看好的，而且您也检查过，没有任何问题，我们没办法给您退。”

（这种是一种不负责任的说法，完全把责任推给了顾客，暗示顾客家具一旦售出，出现任何问题概不负责，属于一锤子买卖的心态。就算是顾客自己看好并且检查过，家具销售人员也有给顾客参谋建议和把关的责任）

3.“公司规定，如果没有任何质量问题，我们是不能给您退货的。”

（这种拿公司规定当挡箭牌的说法，不但不能说服顾客，而且会让顾客对家具店产生负面印象：你们这是什么破家具店啊，竟然有这么不合理的规定）

4.“如果您能说出有什么质量问题，我们就给您退！”

（这种说法语气过于生硬，暗示顾客蛮横无理，容易引发顾客更大的不满）

情景解析

很多家具销售人员在面对顾客非质量原因的退货要求时，往往表现得性情急躁，言辞激动，或者给予顾客一些简单机械的解释，给顾客的感觉就是家具销售人员想推卸责任，结果不但没能很好地解决顾客的问题，还引发了顾客更大的不满。

家具销售人员在接待这类顾客时，首先要做的是稳定、缓和顾客的不良情绪，引导顾客说出想退货的具体原因。在顾客述说过程中，家具销售人员要耐心倾听，以便抓住顾客想退货的真正原因，以确定责任归属，然后再根据责任归属将解决方案简明扼要地告诉顾客，并征询顾客的意见。

如果是因为顾客的误解而导致的退货，家具销售人员应委婉真诚地向顾客进行说明；如果是由于顾客的原因导致家具出了问题，并非家具本身的质量问题，家具销售人员可秉着真诚、负责的态度，为顾客提供以下几种解决方案：在不影响家具再次销售且公司许可的条件下，可给予顾客退货并向顾客致歉；在不能退货的条件下，要根据具体情况及顾客的影响力和态度而定。如果顾客属于影响力较大的VIP顾客，并且执意要求退货，可在征得公司许可后做出让步，给予退货处理，但要暗示一下这是顾客的责任造成的，即让顾客明白，是在本不可退的情况下给他退了货，这样能大大提升顾客的信任度和忠诚度。如果是一般顾客，且顾客退货的要求不是很坚决、强硬，则应该避重就轻，能换货的尽量不要轻易退货。具体方法是，家具销售人员在设法缓和顾客的情绪后，主动迅速地以换货方式加以应对。对于顾客提出的非分要求，家具销售人员应有理有据且热情耐心地予以回绝。

需要注意的是，即使家具的问题是顾客自己造成的，家具销售人员也不可将所有责任全部推给顾客，而应该主动地承担一部分责任，而不能以非质量问题等理由强硬地拒绝顾客，因为在家具销售过程中，家具销售人员有给顾客参谋、建议、把关的责任。

范例 1

顾客："你们这是什么破鞋柜啊，赶紧给我退了！"

家具销售人员："姐，您先不要着急，来，坐下来喝杯水。请问一下这款鞋柜什么地方让您不满意了？您能具体说明一下吗？"

（先稳定、缓和顾客的不良情绪，然后引导顾客说出退货的具体原因）

顾客："……"

家具销售人员："姐，首先非常抱歉让您大老远的跑过来，我明白您的意思了，其实这款鞋柜之所以如此设计是因为……所以您用的时候会显得……"

（顾客因误解而导致退货，家具销售人员应委婉真诚地向顾客说明）

范例 2

顾客："你们这是什么破鞋柜啊，赶紧给我退了！"

家具销售人员："姐，您先不要着急，来，坐下来喝杯水。请问一下这款鞋柜什么地方让您不满意了？您能具体说明一下吗？"

（先稳定、缓和顾客的不良情绪，然后引导顾客说出退货的具体原因）

顾客："……"

家具销售人员："姐，这是我的错，都怪我当时没帮您把好关，这么冷的天让您大老远地跑过来，真是非常抱歉。这样吧，我们店昨天刚到了一批新鞋柜，我觉得有几款特别适合您。来，您过来看一下。"

（主动揽错，以获得顾客的信任和好感，然后以换货的方式帮顾客解决问题）

范例3

顾客："你们这是什么破鞋柜啊，赶紧给我退了！"

家具销售人员："姐，您先不要着急，请问一下这款鞋柜什么地方让您不满意了？您可以具体说明一下吗？"

（先稳定、缓和顾客的不良情绪，然后引导顾客说出退货的具体原因）

顾客："……"

家具销售人员："是的，一款鞋柜刚买不久就出现这样的状况，搁到谁身上肯定都不舒服。这一点我完全理解。您是我们的老顾客了，一定也知道如果是我们的家具存在质量问题，我们一定会负责到底的。不过，您上次买的时候也仔细检查过，当时确实是没问题的，并且就像您刚才所说的，问题是您在使用过程中没注意造成的，所以对于这样的非质量问题，确实让我们很难处理！不过，既然鞋柜出现了问题，我个人还是很乐意帮您解决的，其实这个问题解决起来也不是很麻烦，要不这样，您把鞋柜先放在店里，等我们修理好后再给您送过去，好吗？"

（首先认同顾客的感受，以获得顾客的好感和配合，然后婉转地告诉顾客责任在顾客身上，最后以个人名义积极地帮助顾客解决问题）

范例4

顾客："你们这是什么破鞋柜啊，赶紧给我退了！"

家具销售人员："姐，您先不要着急，来，坐下来喝杯水。请问一下这款鞋柜什么地方让您不满意了？您能具体说明一下吗？"

（先稳定、缓和顾客的不良情绪，然后引导顾客说出退货的具体原因）

顾客："……"

家具销售人员："姐，这都怪我当时没帮您把好关，这么冷的天让您大老远地跑过来，真是非常抱歉。这样吧，我们店昨天刚到了一批新鞋柜，我觉得有几款特别适合您。来，您过来看一下。"

（主动揽错，并以换货的方式帮顾客解决问题）

顾客："不用了，给我退了吧！"

家具销售人员："姐，您别急，这已经超出我的权限了，不过您放心，我现在就立即请示店长……姐，考虑到您一直以来对我们店的厚爱与支持，我们店长这次破例决定给您退了，他还批评我们在您买家具时没帮您仔细检查，致使耽误了您的宝贵时间，他让我代他向您表示诚恳的歉意！”

（顾客属于影响力较大的VIP顾客，且执意要求退货，所以家具销售人员在征得公司领导许可后做出让步，给予退货处理）

情景83

顾客购买完家具后，以各种理由三番五次地要求换货

情景描述

顾客购买完家具后，因为对家具不甚满意，以各种理由三番五次地要求换货。

⊗ 错误应对

1.“您这个人真够麻烦的，我卖家具这么多年，从没见过像您这么麻烦的人，都换了三四次了！”

（在退换期内，换货是顾客的权利，所以这种不耐烦态度很容易引起顾客的不满）

2.“您总是这么换来换去的，我们的家具都没法卖了！”

（这种说法只站在自己的立场而没有站在顾客的立场考虑问题，不利于问题的解决和客情关系的维护）

3.“这次您可要看好了，下次我们真的没办法再给您换了！”

（这种说法虽然旨在阻止顾客无休止地换货，但是却隐含着威胁顾客

的成分，很容易引发顾客的不满，即使给顾客换了货，也无法达到令顾客满意的预期效果）

情景解析

家具销售人员在把家具卖给顾客以后，经常会碰到顾客要求换货的问题，有的顾客甚至会三番五次地以各种理由要求换货。面对这种情况，家具销售人员一旦处理不好，就可能导致顾客的不满，使家具店的声誉和形象受损。因此，面对顾客三番五次的换货要求，家具销售人员一定要热情、耐心、正确地予以处理，争取赢得一个让买卖双方都满意的结果。

面对顾客三番五次的换货要求，家具销售人员首先要向顾客表明一种负责任的态度，并尽量多在自己身上找原因，将导致顾客多次换货的责任揽到自己身上；待顾客换完家具后，为避免顾客无休止地换来换去，家具销售人员一定要提醒顾客检查好新换家具的质量，并尽量同顾客一起检查一下家具的质量，顾客确认没有问题后，再让顾客带走。

范例 1

顾客：“这个餐桌还是有点问题，你看，这里的漆掉了一块，再给我换一个吧！”

家具销售人员：“哎呀，真对不起，这都怪我们没有替您把好检查关，一个餐桌都让您来来回回跑了三四次了。先生，您放心，我们对卖出的家具一定会负责到底的。来，您再挑选一件吧。”

（将导致顾客换货的责任揽到自己身上，并向顾客表明负责任的态度）

顾客：“好的，谢谢了。”

家具销售人员：“先生，不用客气，不过这次您可得好好检查一下，确认没问题后再把餐桌带回去。一个餐桌麻烦您来来回回跑这么多趟，弄得我们都不好意思了！”

（提醒顾客对新换的家具进行检查）

范例 2

顾客："这个餐桌还是有点问题，桌腿有点不稳当，再给我换一个吧！"

家具销售人员："真是很抱歉，姐，都怪我们的服务做得不到位，上次忘记提醒您把餐桌仔细检查一下。您放心，家具有问题我们会负责到底的。来，姐，您再到这边挑选一件吧。"

（将导致顾客换货的责任揽到自己身上）

顾客："好的，谢谢了……好了，就这件吧。"

家具销售人员："姐，不用客气。来，咱们先来一起检查一下餐桌的外观和桌腿有没有问题，确认外观完好无损、桌腿平稳后您再带回去，免得您下次大老远的再跑一趟！"

（和顾客一同检查新换家具的质量）

情景 84

家具已经超过退货期限，但顾客要求退货

情景描述

顾客因为家具有质量问题，到家具店要求退货，尽管按规定这种情况可以退货，但是已经超过了退货期限。

⊗ 错误应对

1. "您买的家具已经超过退货期了，没办法退了。"

（这种直接拒绝顾客的说法，不利于问题的解决和客情关系的维护。在这种情况下，虽然家具销售人员不能满足顾客的退货需求，但也要站在

顾客的角度真诚地帮顾客解决问题）

2.“您这种情况我也无能为力。公司规定，家具超过退货期后，就算有问题也是不能退的。”

（这种拿公司规定当挡箭牌的说法，不但不利于问题的解决，而且会让顾客对家具店产生不良印象）

3.“有质量问题您为什么不早点退？现在已经退不了了。”

（这种说法隐含着责怪顾客的语气，对顾客缺乏尊重，不仅不利于问题的解决，而且可能导致问题进一步扩大）

情景解析

销售界有这样一句流传甚广的话：“门店经营永远做未来！”意思是说，在处理顾客投诉或退换货等售后问题时，家具销售人员一定要以家具店的长远利益为出发点，抱着投资明天、经营未来的眼光，想顾客所想，急顾客所急，这样才能赢得顾客的信任和忠诚，赢得顾客的回头率，从而使家具店持续、稳健地经营下去。如果能实现这一点的话，即使家具销售人员在顾客身上吃点“亏”也会变成一种超值的投资。

当顾客超过退货期限前来要求退货时，家具销售人员应该本着以下原则进行处理：在顾客购买家具时，你是否将家具的清洁和保养方法、退换货时限等事项明确、清晰地告知顾客；顾客超过退货期限，是否是由非主观因素造成的，比如顾客购买完家具后突然有急事，导致家具一直未投入使用，所以顾客没能及时发现家具的质量问题等。如果顾客逾期退货是由上述两方面的原因造成的，那么家具销售人员就应该本着人性化的原则来考虑和处理，比如由店方来承担全部或部分损失等，以争取顾客的满意，锁住顾客的信任和忠诚。

需要注意的是，即使家具销售人员不能完全满足顾客的退货需求，也要站在顾客的立场和角度真心诚意地帮助顾客解决问题，切忌用事不关己或推卸责任的态度和方式来处理问题，也不要拿家具店的规定当挡箭牌来敷衍、应付顾客，这些做法都是家具销售人员不负责任、缺乏职业素养的表现，不但不利于客情关系的维护，而且有损家具店的信誉和形象。

范例 1

顾客："我上次买的沙发有点问题，不过由于我买完后急着出差，所以没及时发现。你们给我退了吧。"

家具销售人员："姐，您买的这款沙发已经超过了公司规定的退货期限，不过考虑到您是因为出差的客观原因，并且沙发也保持了完好可销售的状态，这样吧，我跟店长申请一下，看是否可以帮您换一款。（与店长电话沟通）姐，我们店长考虑到您这种情况，决定破例给您换一款，请问您想……"

（先向顾客表明立场，然后用换货帮顾客解决问题）

范例 2

顾客："我上次买的这款沙发有点问题，你们给我退了吧。"

家具销售人员："姐，这么远还麻烦您跑过来，确实非常抱歉！虽然您买的这款沙发已经超过了公司规定的退换期限，但考虑到您是我们的老顾客，并且当初我们也没有给您解释清楚退换货的期限，有一定的责任，所以我们破例给您换一款。刚好，我们新进了一批新货，请您跟我到这边来！"

（先向顾客表示歉意，并主动承担责任，然后用换货帮顾客解决问题）

范例 3

顾客："我上次买的沙发有点问题，你们给我退了吧。"

家具销售人员："姐，出现这样的事情我们感到非常抱歉。如果是我们的责任，我们一定会负责到底的，不过由于您买的沙发确实已经超过退换期限，所以我们也非常为难，这一点还请您多多包涵。要不这样，您把沙发先暂时放在这里，我们联系公司的售后服务人员尽快给您维修，修好后我们马上给您送过去，您看这样成吗？"

（先委婉地向顾客表明己方的观点，然后本着人性化的原则为顾客想办法解决问题）

参考文献

[1] 陆丰 . 家具就该这样卖（升级版）[M]. 北京：机械工业出版社，2012.

[2] 李广伟 . 家具应该这样卖 [M]. 北京：北京大学出版社，2011.

[3] 吴建华 . 家具这样卖才赚钱 [M]. 北京：金城出版社，2012.

[4] 杨平 . 家具导购如何抢钱 [M]. 北京：海洋出版社，2012.

[5] 肖晓春 . 家居王：家居建材销售第一书 [M]. 北京：中国经济出版社，2013.

[6] 吴飞彤 . 千万别卖家具：终端销售攻略 [M]. 北京：海洋出版社，2006.

[7] 苏艳绯 . 家具建材销售这样说，这样做——门店导购一学就会的情境演练 [M]. 北京：当代世界出版社，2014.

[8] 盛斌子 . 出奇制胜——泛家具营销“非常术”[M]. 北京：企业管理出版社，2011.

[9] 赵龙 . 中国家具王牌销售 [M]. 北京：气象出版社，2007.

[10] 元博 . 服装这样卖才对——服装销售人员超级情景训练 [M]. 北京：中国纺织出版社，2015.